流程

PROCESS!

[美]
迈克·帕顿
Mike Paton
丽莎·冈萨雷斯
Lisa González

著

张弘宇
刘寅龙

译

中国科学技术出版社
· 北　京 ·

北京市版权局著作权合同登记　图字：01-2023-6166

图书在版编目（CIP）数据

流程！/（美）迈克·帕顿,（美）丽莎·冈萨雷斯著; 张弘宇, 刘寅龙译. -- 北京: 中国科学技术出版社, 2024.5

书名原文: PROCESS!

ISBN 978-7-5236-0426-7

Ⅰ.①流… Ⅱ.①迈… ②丽… ③张… ④刘… Ⅲ.①企业管理 Ⅳ.① F272

中国版本图书馆 CIP 数据核字 (2024) 第 042466 号

执行策划	黄　河　桂　林	
责任编辑	申永刚	
策划编辑	申永刚　褚福祎	
特约编辑	张　可	
版式设计	吴　颖	
封面设计	东合社·安宁	
责任印制	李晓霖	

出　　版	中国科学技术出版社
发　　行	中国科学技术出版社有限公司发行部
地　　址	北京市海淀区中关村南大街 16 号
邮　　编	100081
发行电话	010-62173865
传　　真	010-62173081
网　　址	http://www.cspbooks.com.cn

开　　本	787mm×1092mm　1/32
字　　数	119 千字
印　　张	7
版　　次	2024 年 5 月第 1 版
印　　次	2024 年 5 月第 1 次印刷
印　　刷	深圳市精彩印联合印务有限公司
书　　号	ISBN 978-7-5236-0426-7/F·1214
定　　价	69.80 元

（凡购买本社图书，如有缺页、倒页、脱页者，本社发行部负责调换）

让思维严谨、行动一致的组织人员

在责任框架内自由运作

就是创造伟大文化的基石。

流程！
PROCESS

谨以此书献给凯特

她的陪伴让我体味到生活的多姿多彩。

——迈克·帕顿

谨以此书献给帕迪、唐尼、亚历克斯和斯凯勒

你们永远是我的挚爱。

——丽莎·冈萨雷斯

企业和团队缔造非凡业绩的
简明行动路线图

EOS®（Entrepreneurial Operating System，企业运营系统）是一个支持企业稳定运营的操作系统，由一整套简单的概念和实用的工具组成，已帮助全球成千上万的企业家和管理者健康有序地实现他们的愿景。

EOS® 的创始人是吉诺·威克曼（Gino Wickman），他从 21 岁开始创业，25 岁成为一家家族企业的首席执行官，然后将其转型为一家高效的组织。他在 40 岁时卖掉了他的公司，开始致力于帮助其他企业家实现他们的愿景。他还培育了一个由 400 多名 EOS® 专家组成的全球性社区，10 年来他们累计帮助了数十万家企业成功实施 EOS®，解决了他们面临的数百个常见问题，并在各个领域和行业分享最佳企业运营实践和经验。

吉诺发现，这些常见问题无不源自愿景、人员、数据、问题、流程和掌控力等要素方面的缺陷，并把这些要素称之为企业高效运营的"六大关键要素"（见图 1）。

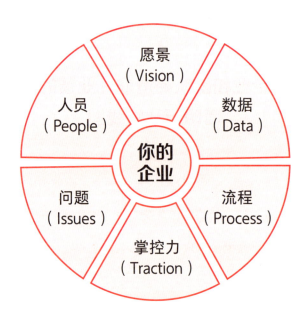

图 1　EOS® 企业运营系统六要素模型

若企业要强化六大关键要素，可以从以下方面入手：

1. 强化愿景（Vision），意味着要让组织中的每个人都对未来的发展方向和实现目标的方式达成 100% 的共识。

2. 强化人员（People），意味着你周围从上到下都要有优秀的人才，因为没有优秀的团队，就无法实现伟大的愿景。

3. 强化数据（Data），意味着要摒弃所有的感情、个性、意见和自我，将组织归结为少数几个客观的数字，让你对组织的状况有绝对的把握。

4. 强化问题（Issues），意味着整个组织要成为解决问题的能手，能够发现问题、提出解决方案并让问题永远消失。

5. 强化流程（Process），是组织运营的精髓所在。这意味着通过确定和记录定义业务运营方式的核心流程，将业务"系统化"。你需要让每个人都了解基本的程序步骤是什么，然后让每个人都遵守这些步骤，从而在你的组织中创造一致性和可扩展性。

6. 强化掌控力（Traction），意味着将纪律和问责制带入组织，让每个人都能成为出色的执行者，使愿景成为现实。

EOS® 的实施之路就是强化"六大关键要素"的过程。很多领导者错误地以为，他们只需改变其中一两个要素，即可解决业务中的所有问题。但经验告诉我们，如果能在"六大关键要素"中的每个要素上都做到良好甚至优秀，会让你创造伟大企业的可能性大大增加。

流程！模型：组织运营 EOS® 的精髓所在

"流程！模型"是一个可视化的组织运营流程。它可以帮助你以正确的方式优先完成组织中最重要的任务，并促使每一个组织成员都遵循这个流程。

通过该模型中的 2 个工具即"三步骤流程记录工具"（3-step process documenter）和"FBA 核对清单"（FBA checklist），你可以确保把时间花在最有价值的事情上，最终实现企业的高效运转和发展（见图 2）。

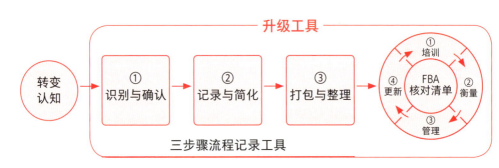

图 2　流程！模型

邓　斌

华为原中国区规划咨询总监，《华为数字化转型》《管理者的数字化转型》作者

《流程！》是一本很有意思的书。流程是企业数字化转型的底座，但很多管理者把流程等同于管控和合规，从而导致流程沦为复杂的代名词，这是对流程的误解。这本书用非常轻松有趣的语言，还原了流程的本质——赋能组织能力成长，把今天少数优秀员工 90 分的做法固化成为对明天大多数员工 60 分的要求，从而拉动企业能力的中线值持续上升。《流程！》教会我们如何记录和简化核心流程的关键步骤，深入浅出，值得中国企业管理者集体研读学习。

本 力

香港中文大学（深圳）高等金融研究院政策研究员，《香港国际金融评论》执行总编辑

对流程的运用和发展，可以将人性的优点与组织的目标结合起来，并利用结构性思维不断解决管理中的难题。著名的组织理论家今井正明将这个过程称为"改善"。《流程！》一书正是给企业以"改善"预期的简明方法论和路线图。

王 磊

北京大学校友创业联合会理事和教育专委会负责人，曾先后任职于埃森哲、西门子、联想集团、安永咨询等国内外知名企业

《流程！》这本书是对于流程管理精准而深刻的解读，它让我们深入理解了流程管理对于企业运营的关键性作用。在当今瞬息万变的市场环境中，企业必须通过优化流程来提高效率、降低成本，从而在竞争中取得优势。

周 昊

企业管理效能提升专家

《流程！》一书清晰阐释了构建、维护和优化公司核心流程的重要性，对于加速组织进步和提升效率具有根本性作用。我对这本

书情有独钟，书中关于流程记录的建议尤其吸引我。书中提供的工具和视觉辅助手段极具实用价值。

总而言之，这是一本值得推荐的优秀读物，对于追求组织效能和团队协作提升的领导者来说，它提供了宝贵的指导和启示。

杰克·戴利（Jack Daly）
首席执行官教练，打造了 36 家全美知名企业，畅销书作者

帕顿和冈萨雷斯在《流程!》一书中，不仅像高超的律师一样向企业主陈述了流程的作用，而且还为他们提供了企业成功的路线图。

迈克·米夏洛维奇（Mike Michalowicz）
坐拥多家市值数百万美元的企业，曾被称为"企业家的守护神"

《流程!》为你提供了记录流程的高效工具，并且让你的员工能够真正遵循这些流程。从辛苦忙碌的工作中解放吧，将你的愿景交由你自主修复、升级和更新的企业去实现。

杰茜卡·比林斯利（Jessica Billingsley）
为政府提供数据管理服务的技术公司 Akerna 首席执行官

帕顿和冈萨雷斯精准地抓住了记录流程对所有规模的创业型公

司的影响。《流程！》中的高水平实用方法使任何蓬勃发展的组织都能在业务和行业规模扩大时保持灵活性、成长意识和结果导向。

小阿尔·冈萨雷斯（Al Gonzalez, Jr.）
美国第三大付费电视服务提供商 Dish Network 和美国最大的在线家具零售商 Wayfair 前运营总监

《流程！》中所描述的高层次企业的运营方法对任何规模的组织而言都非常宝贵。我强烈推荐这本书给那些期望企业实现效率和利润持续增长的人。

卡拉·多尔（Carla Dore）
上百家家居公司供货商，为企业提供人性化装修设计方案的 Workplace Resource 公司总裁

《流程！》中提供的方法捕捉到了打造一个更加严谨的组织所需的思维方式，我愿推荐给有远见的职场人士。本书能给那些希望企业持续增值、延续辉煌的领导者们最强大的动力引擎。

释放你的"野心"，组织全员获益的
极简流程再造手册

吉诺·威克曼　　EOS® Worldwide 公司创始人

是你在控制自己的企业，还是企业在控制你呢？可悲的是，大多数创业领导者正在被自己的企业所控制。但他们完全有资格享受自由的快乐。

我痴迷自由是为了我自己，也是为了其他有勇气、有动力、有职业追求的人。我愿鼓励和帮助他们创造伟大的事业，同时助他们获得真正的自由。

从成年至今，我始终都在孜孜不倦地证明这种追求的可行性。我的努力源于深入研究，以及理解经营一家真正伟大的企业的无限动力。而后，我又学以致用，将这些理论和经验用于我的家族企业中，并与朋友圈内的其他创业者共同分享这些成果。

历经了长期的探索和尝试，我终于揭开了经营一家伟大企业的六大关键要素，并逐渐摸索出企业强化这六大关键要素的最优手段。正是因为我的痴迷和探索，最终 EOS® 才应运而生。

如今，EOS® 已在全球范围内拥有了大批的拥护者，其中更是不乏 500 多位"EOS® 专家"，他们分布在世界各地，帮助数十万家公司使用 EOS®。这是一种爱的承诺，也是爱的奉献与普及，它不仅源于我对自由的渴望，也发自我帮助其他创业者实现自由的强烈愿望。

在这个原本孤独的探索道路上，我并不孤独，也不缺乏意外的惊人发现。其中的一个重要的发现，来自我的两位朋友和同事——迈克·帕顿和丽莎·冈萨雷斯。在这本意义重大的著作中，他们对这条道路进行了深入探究。我们可以把这个发现表述为：

认真严谨并始终如一的执行与大多数人在创业旅途中寻求的自由，存在着一种神奇莫测但又不可或缺的关联性。

美国女作家弗吉尼亚·伍尔夫（Virginia Woolf）的话充分诠释了这个规律的精髓。她说："自律成就自由。"很多成功的领导者会认为这有违常理。但不管是我自己的探索发现，还是接受我们帮助的数十万企业家的实践，都无一例外地证明，这是一个颠扑不破的真理。

简而言之，经营一家创业企业与在大公司担任高管，是两种截然不同的事情。如果你正在经营一家快速成长的小型企业，那么你刚才可能还在与客户交谈，一分钟之后，你已经在工厂的车间里修理一台机器了。之后，你还要和银行家见面，再花几分钟在装卸码头外捡烟头，还要马不停蹄地去面试新设备操作员。但不管在哪里，你似乎随时都要抽出时间，想事情，解决问题，领导或是管理他人。这听起来似乎很有趣，实际上会让你筋疲力尽。

相比之下，成功的领导者几乎会把全部时间用于思考战略性事务、建立重要关系、制定重大决策等方面。换句话说，他们不会置身于业务当中，而是超越于业务之上，着眼整体和长远发展，致力于为企业创造价值。尽管这在当下看来已是显而易见的事情，但是在我开发 EOS® 的那个时候，要让人们相信，创业家的管理工具就是应该与众不同，几乎是一种颠覆性认知。

正是在这个重要发现的基础上，本书精心打造了一套以实现兼顾严谨性和一致性执行为目标的策略，为忙于经营新企业的创业者提供现实可行的依据。这种方法简单明了、高效实用、易于实践。它既没有多余的烦琐和抽象的概念，又不浪费时间或精力。因为它简单有效，因而更容易被组织各级人员所理解和采纳。它不仅省时省力，而且带来的影响力也会远超预期。

需要提醒的是，这种方法也可以为大公司带来福音。当复杂的业务流程改造项目已无法满足他们追求的利润野心时，这些大公司或许可以尝试一下这种新策略。

总之，本书旨在帮助创业者从构成业务的核心流程的角度看待企业，在确保每个核心流程的合理性的前提下，要求组织的所有成员以严谨一致的方式执行这些流程。通过流程再造，创业者不仅可以安心管理企业，更重要的是，可以实现业务的一致性和可拓展性，并借助更简化和更轻松的管理，为企业创造更多的利润。归根到底，你会让企业价值更上一层楼。

对此，两位作者帕顿和冈萨雷斯在本书中提到，我的 5 位客户以数倍高的估值被价值数十亿美元的大型公司收购。其中，收购方对被收购方的描述几乎如出一辙："这是我们收购的所有企业中运营得最好的公司之一"。实际上，这些客户的成功，在很大程度上源于对本书所述方法的严格执行。

因此，请你认真阅读这本《流程！》并高度一致地实施它所倡导的流程。我相信它会给你的事业和生活带来同样巨大的影响。

纵观我的整个商业生涯，我始终坚持的一个远大梦想，就是用自己的理念和实践给这个世界带来更积极、更深远的影响，并在这段旅程中找到真正的自由。如果这也是你所追求的理想，那么跟随《流程！》一书的引导，你注定不会失望。

PROCESS ▶▶▶

目 录

第二部分　升级工具

如何记录和简化流程，并让所有人都遵循？

第三部分　实现预期

让高效运转的流程无缝嵌入企业和组织

第一部分

COMMIT

转变认知

强大的流程是企业运营
的第一推动力

PROCESS ▶▶▶

第 1 章

成长型企业为何常遇发展瓶颈？

对于成长型企业，流程缺位或流程失控将使得企业积重难返，难以突破组织进化的天花板，在市场中昙花一现。

　　几乎每个创业故事都源于对热情的追求。在创业早期，热情不仅可以为创业者带来取之不尽的动力，也可以为公司员工提供值得奉献的真正目标、用之不竭的正能量及活力四射的企业文化。更重要的是，热情可以帮助处于成长阶段的小企业吸引和留住顶级人才，赢得市场关注，逐渐对更成熟的竞争对手发起挑战，并最终在市场上拥有一席之地。

　　对企业领导者来说，这个令人振奋的成长期与拥有无限可能性的初始阶段，就如同魔法一般（见图 1.1）。

○●

当你把严谨的企业文化与创业理念融合在一起时，魔法便会产生。
——吉姆·柯林斯（Jim Collins），著有《基业长青》（*Built to Last*）

**图 1.1　创业初始阶段充满难以预料的可能性，
就像从帽子里凭空变出兔子**

你可以设想当亨利·福特的第一辆 T 型车[①]在 1908 年成功推出，他的梦想成为现实的那一刻；再想想，萨拉·布雷克里（Sara Blakely）还是一名全职传真机销售员时，她创立的女性裤袜品牌 Spanx 创办第一年就带来了 400 万美元的收入。造就这些史诗般传奇时刻的推手，无不是伟大的创意、无所畏惧的乐观主义和名副其实的热情。

缺乏一致执行，仅 10% 创业企业能存活 10 年

对处于快速成长中的创业企业而言，热情当然不是唯一不可

---

①T 型车是世界上第一种以大量通用零部件进行大规模流水线装配作业的汽车。

或缺的成功要素。每个不断成长的组织最终都将面临仅凭热情还无法企及愿景的阶段。

到那时，他们的创始人和领导者就会逐渐意识到，带领他们走到今天的力量，已无法让他们再走向更高层次的未来。这个艰辛而充满热情的过程往往有章可循：

创始人含辛茹苦地独立创业，并在最初阶段取得了一定的成功。随着需求的增加，他开始把越来越多的时间消耗在企业的日常运营中，譬如推销产品、服务客户、处理财务和整理内务等。

他用于释放热情的时间越来越少，越来越稀缺，创造、推广、战略决策和建立重要商业关系，逐渐成为鲜有时间顾及的事情。于是，他想到聘用自己的第一位员工去承担这些任务，但他马上就会意识到，要找到这个既有高水平和高素质而且又值得信赖的人，同样需要他在招聘、培训和管理等方面投入大量时间和精力。

随着聘用员工数量的增加，他似乎要把更多时间花在自己不喜欢做的事情上。于是，他开始陷入困扰和沮丧当中，最初的创业热情随之减弱。

我们称此时的企业已进入"触及天花板"阶段。在发表于《哈佛商业评论》（*Harvard Business Review*）的《组织成长中的进化与革命》（*Evolution and Revolution as Organizations Grow*）一文中，作者拉里·E. 格雷纳（Larry E. Greiner）指出，对所有基于成长思维的公司来说，触及天花板都是不可避免的。因此，任何一个旨在创建伟大企业的领导者，都必须以严肃的态度预见并突破这个天花板。否则，他们的组织迟早会陷入困境。

实际上，有超过 80% 的创业企业在创建 5 年内倒闭，只有大约 10% 的企业能熬过第 10 个年头。而且即使是这些为数不多幸存下来的企业，他们的所有者和领导者也经常会感到无所适从、筋疲力尽，根本无法体验到他们曾经梦想过的生活。

但也不是没有好消息，其实你大可不必加入这个受难者行列。我们的亲身经历表明，在事业中遭受失败或是倍感煎熬，每天带着形形色色的问题和苦恼回到家，这样的事业和生活绝不是我们的宿命。

在现实中，我们已帮助过成千上万像你这样的创业者，让他们及他们的团队走出苦海。本书就是对这些成功经验的提炼，旨在帮助你理解创业企业陷入困境的原因，并为你提供屡创佳绩、重获新生的解决方案。

我们的工具简单有效，主要用来解决几乎所有快速成长型企业都要面对的共性问题：缺乏一致性的执行。需要澄清的是，本书即将分享的内容完全没有任何复杂高深的理论，相反，它只有一套恒久不灭的原则和行之有效的工具。它的唯一目标就是帮助创业者突破天花板，更有效地经营企业，体验更美好的生活。而我们唯一的要求，就是你们必须拥有开放的良好心态和不断学习的强烈意愿。这个要求看起来似乎再简单不过，但很多人会发现，满足这个要求绝非易事。

尽管深陷困境令人沮丧和煎熬，但仍有太多的创业者觉得，本书里描述的这些重大改变冰冷无趣、毫无必要，让他们感到难以接受。但如果他们拒绝改变，就是拒绝了在逆境中最需要的东西，这个"东西"就是流程。

创业家、创新者以及有创造力的领导者都希望实现自由，但必须承认的是，我们对流程的看法与我们对自由的渴望并不完全一致。我们的热情和动力源于总体性和长期性思维。我们的目标是创建一种令人惊叹的企业文化，解决看似不可能解决的难题，实现从无到有的增长。因此，我们想当然地会认为，既然如此，就不能拘泥于程序、细节和规则。

这里存在一个"流程的悖论"。

对成长型企业的所有者或领导者来说，要实现真正的自由，他们就必须具有一定程度的严谨性、纪律性和一致性，但这些要求似乎有悖于天马行空式的创造天赋。不过，要想实现创业的预期目标，并最终创造出梦寐以求的自由，体验你曾经梦想过的惬意生活，你就必须接受流程，而不是拒绝它。

客观地说，有些创业领导者的确就是这样做的。他们痴迷于确立正确的行为方式，并不遗余力地向企业成员灌输严谨一致的重要性，以期让他们始终如一的执行。当然，部分领导很可能也知道这项工作的重要性，但缺乏兑现这项工作的工具或时间。如果你早已笃信它的重要性，那真是再好不过的事情了。

在这种情况下，你的任务就是利用本书内容，帮助团队中的其他人充分感受流程的价值，并以最简单、最高效的方法发挥流程的巨大威力。你对流程严谨性和一致性的抵触情绪越强烈，你就越有可能通过随后的阅读发现其价值。我们的目的就是让大家认识到，通过对几个核心流程进行记录和简化并遵循这些流程，你只会创造出更多的自由，而不会破坏或是摧毁自由。

为此，我们将借鉴吉诺·威克曼提供的工具，深入探讨 EOS® 如何强化企业流程，培养创业者形成全局性思维，提高他们的创新及成长能力。尽管使用本书不要求你成为 EOS® 专家，但如果你对 EOS® 有更多了解，显然可以取得事半功倍的效果。不过，即便是对 EOS® 一无所知的读者，也不难理解随后几页介绍的方法及工具，更不妨碍他们于此得益。秉承一贯风格，我们首先以简单图例介绍你将要学习和运用的内容（见图 1.2）。

图 1.2　流程！模型

在本书的第一部分，我们将引导你转变认知，全身心地投入未来的探索过程。只有凭借理性的心态，我们才能感受强化流程可能给企业和生活带来的积极影响。

在第二部分中，我们将帮助你升级企业的流程管理工具，学习如何使用两个"EOS® 工具"，即"三步骤流程记录工具"和"FBA 核对清单"，从而将这些积极的变化体现在你的组织中。

最后，我们将在第三部分"实现预期"中介绍一套循序渐进的可视化流程模板。这样，我们就可以从组织的实际特点出发，量身定制具体的操作计划，确保这些计划在组织中得到全面落实。

那么，为了让你能充分投入这项工作，我们首先将探讨导致创业领导者存在"反流程"倾向的 3 大误区。尽管这些观念往往根深蒂固，但它们显然基于错误的逻辑，是彻头彻尾的认知误区。因此，我们希望能帮助各位彻底摆脱这些误区的纠缠。

认知误区 1：遵循流程办事不符合人的天性

大多数成功的企业家和创新型领导者都是不折不扣的个人主义者。他们是创造者，更是现状的挑战者和颠覆者。因此，他们不能容忍墨守成规，和他人一样秉承着同样的行为方式（见图 1.3），但这不是执行流程的真正目的。只要更深入、更全面地研究"流程"这个主题，我们就会发现一个显而易见的事实：以流程为行为导向是所有人与生俱来的本能反应，最具创新性的人也不例外。

图 1.3 流程就像神话，许多企业领导者听过，
但从没真正实践过，因为他们觉得没有必要

从更宏观、更长远的角度看，人类物种的生存也要得益于流程的引导。我们的祖先首先学会规避有生命危险的行为，比如甄别有毒的浆果，延续能让他们生存下去的行为，比如找寻遮蔽物和群居。通过讲故事和洞穴绘画等方式，他们把自己这一代人掌握的知识传递给下一代。一旦掌握有助于维系生存和延续物种的新技术，比如生火和制造工具，他们就会将这些进步与他人分享（见图 1.4）。

**图 1.4　火种、石矛和环形石器等生产、
防御和制造工具经过人类祖先筛选并留存下来**

他们逐渐创造出一种以家庭或部落为单位的生活方式。而掌握这些新的工具或改进流程的人会生活得更安全，生存压力更小，而且寿命会更长。几千年以来，我们不断把成功的好习惯融入生活中，另一方面，我们也在不断剔除可能会带来危险的坏习惯。

当然，这也是大多数企业脱颖而出的方式。最初，创始人决定开发一种产品或是提供一项服务，并开始向人们介绍他的产品或服务，以期获得潜在客户。很快，他赢得第一个客户，并开始发货。他提供的产品或服务若是让顾客心满意足、笑逐颜开，他就会想：我一定要继续这么做。如果顾客心存不满，满脸怨气，他则会反思：以后绝对不能这么做。

随着时间的推移，通过反复的尝试和探索，他开始不断改进生产产品或提供服务的方式。他很快就看到，顾客脸上的笑容越来越多，愁容越来越少。

在未经事先认真规划的情况下，他开始探索如何以可重复的方式为客户提供价值。随后，这种经营方式自然而然地成为自动模式。在这个过程中，他没有取得任何书面记录，也没有形成工作手册、流程图或培训指南。他只是不自觉地学会怎么做最有效，而后不断重复这个过程，因为这么做更省时省力，而且能带来预期效果。即便出现简化或改进这个过程的机会，他也会把这些调整融入其中，使之成为一整套浑然天成的业务流程。

这种直觉以及对一致性执行和持续性改进的追求，其实并不能为我们提供流程引导。它的内容并不是创建堆积如山的"标准操作程序"（standard operating procedure，简称 SOP）以及灵活的合规性文化。相反，它是所有企业家与生俱来的天赋。他们善于识别最有效的方法，加以复制，并在长期内持续学习和改进。

你之所以拒绝流程，恰恰因为你生来就有顺应流程的天赋。无论是作为成功人士还是企业家，你始终都在不自觉地接受流程的约束。你绝不会停下，有意识地去找做事的最优方法，因为你根本没有时间（或者金钱）闲下来。

你更不会有意识地去记录任何东西，或是静下心来，把自己在过程中学到的东西传递下去，因为没有其他人需要你去教导或训练。在创业过程中，你通过摸索尝试掌握了很多技能，并成为训练有素的创业者。因此，在你聘请最初的几名员工时，他们的技能在你的眼里都是雕虫小技。

但对于成长型企业中的大多数员工而言，这种始终带来卓越成果的行动既非理所当然，也非信手拈来。让员工去独立解决问题可能既缺乏效率，又会让你付出高昂的代价。

不管你是聘请 1 个人还是 40 个人，他们都没有经历过你所经历的事情，也没有从中学到你掌握的本领。而我们推荐的方法，就是帮助创业者向团队中的所有成员充分传递他已经掌握的个人或组织经验。这无疑会让创业者及其企业、他们的团队成员及其所服务的所有人受益匪浅。

但我们也不得不承认，在从零开始创建一个成功的企业时，接受某些看似非必要的东西并非易事。因此，我们完全理解创业者的担忧——烦琐的规章制度和严谨的指导方针在短期内不仅不能带来收效，甚至会破坏他们在无流程支撑下已经创造的价值。

但我们很清楚，创业者应该抽出一点时间，放下手中的业务，以旁观者的视角观察正在发生的事情，找出最优的经营方式，再把这些最优方式转化为文字，传授给组织中的其他人，然后，以有效的标准衡量和管理组织成员的执行情况，直到这种最优方式被所有人所掌握。我们相信，他们投入的时间和精力是值得的。这不仅会帮助他们走出创业初期的困境，让他们的企业变得更优秀，也会让他们自己体验更美好的生活。

因此，请接受这样一种信念：流程是我们每个人的天性。它已经在我们的创业过程中发挥了重要作用，只不过我们尚未意识到它的作用。

在本书中，我们将循序渐进地向你介绍如何通过记录和简化创业者已经掌握的知识，以更有效、更自然的方式完成这项任务，让所有人接受和采纳这些核心流程。你可能不信，你也完全有可能把这个过程当作一次享受。

认知误区2：投资"流程"就是浪费时间

在为企业领导者提供培训和支持的过程中，我们从未听到有人抱怨空闲时间太多。以较少的时间、金钱或人力博取惊人的业绩似乎是超人的特异功能，但对于成功的初创企业来说，这恰恰是他们最常见，同时也是重要的特征之一。

不过，一切事物皆有两面性，祝福往往也会变成一种诅咒。因为这种超常能力可能会给创业者带来一种错觉：只要能看到成功，纵然不堪重负也在所不惜，只有走得更快，才能把更多的人甩到身后（见图1.5）。

图1.5 领导者心里总是有一个沙漏，
急着在沙子全部落下之前完成任务

把忙碌视为所有领导者永恒的状态，既不准确，又很危险。诚然，伟大的领导者有能力攻克短暂的巨大压力。他们既能编写代码，又能修复漏洞；既能维护客户安全，还可以进行软件更新。他们甚至还要负责回复电子邮件、收存支票或是支付账单，而且逐渐把这些事务当作自己的日常工作。

日复一日，年复一年，直到有一天，这样的循环可能难以维系。然而，即便是最热心、最有激情的领导者，在经历6到9个月总是感觉时间不够的折磨之后，他们的工作或家庭生活中注定会出现某种不和谐的声音。

你可能会经常觉得需要在个人幸福与企业幸福之间做出非此即彼的选择。其实，你并不孤单，因为这样的领导者大有人在。但这并不是大家都必须做出的抉择。

加州大学洛杉矶分校篮球队的传奇教练约翰·伍登（John Wooden）曾提醒我们，如果第一次尝试就能把事情做对，那么我们就不会再去做无用功，去尝试那些原本就不可行的事情。在该校长达12年的执教生涯中，约翰·伍登带领球队赢得10次美国大学篮球联赛冠军，其中甚至包括创纪录的连续7次蝉联。至今，他的球队仍保持着88场的最长连胜纪录。

他对流程的力量笃信不疑。他带领的球员们大多会分享他们在每个赛季第一次球队训练课中发生的一件"小事"，而且这件事至今仍为大家所津津乐道。

球队在每个赛季都会招募一批新球员，这些刚刚入队的新人肯定以为会等来一场振奋人心的演讲、激烈的战术辩论，或是一次异常艰苦的训练。

但事实让他们大跌眼镜。在整个会议上，伍登都在循序渐进地给球员们"科普"如何正确穿戴球袜。是的，就是如何穿袜子（见图1.6）。

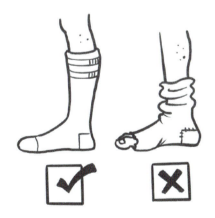

图 1.6　一双按标准穿戴的袜子对运动员来说，
可能会决定赛场上的成败

伍登为什么会这么做呢？在伍登那个时代，篮球鞋还不像现在这么前卫，在比赛训练中磨出水泡是很常见的事情。正是这个小小的细节，完全可能会让有实力的球员受伤下场。因此，尽管伍登给自己设定的使命是建立一个"篮球王朝"，但他还是抽出很多个人时间，亲自向这些冉冉升起的新星们传授最基本且貌似最没意义的事情。

这一课的真正价值远远不止于预防水泡。从第一天起，加州大学洛杉矶分校球队的每一位球员会意识到，在每一场比赛之前，大家都会在第一时间做好这件"小事"。

这个故事也揭示出"花费太多时间"这种谬论带来的两个问题：一方面，创业者明显低估了他们需要为流程而"浪费"的时间；另一方面，他们又高估了为强化组织的流程需要投入的时间。

首先，企业家可能低估了团队为解决客户投诉需求、重建产品或重复一项服务累积耗费的时间。无论是缺陷产品、延迟发货还是低质量的服务体验，都有可能让企业付出高昂代价，因为这会把

○●

既然你没有时间去做对一件事情，那你还会有时间重做一次吗？

——约翰·伍登

昔日最重要的商业伙伴变成在市场上肆意诋毁你的前客户。要摆脱这些错误带来的负面影响显然需要时间。而频繁的延迟、错误和不一致会阻碍增长，让原本健康的利润变成毁灭性亏损，这也是小企业难以长期生存的一个重要原因。

其次，缺乏流程会加剧员工流动性，而企业家很可能低估由此而浪费在组织内部事务上的时间。如果一名有价值的团队成员辞职，那么办理离职手续、重新发布招聘启事、聘用以及入职交接等事务既要占用时间，还要付出成本。

但损失还不止于此。较高的员工流动性肯定会侵蚀企业文化，这就意味着，领导者和管理人员不仅要花费大量时间止损，还要重建受损的企业文化。

当团队发生人员短缺时，业务主管、经理和领导者只好暂时放下手头工作，陷入企业的繁杂事务当中。在这种情况下，原本人工成本高的人只好填补下属留下的空缺，做着本应由低成本劳动力从事的任务，他们自然无法完成与其报酬相匹配的任务。此外，离职本身就是一种风险。

当下的劳动力市场竞争激烈，如果对组织心存不满的员工在社交媒体上发泄这种情绪，无疑会损害你在这个市场上吸引和挽留优秀人才的能力。

　　投资"流程"会让组织在财务、文化和情感红利等方面收获立竿见影的巨大回报。一方面，在客户产生需求时，他们能按公允价格让这种需求得到满足；另一方面，客户的口口相传只会帮助你在市场上打造良好的信誉，而不会破坏这种来之不易的口碑。你的员工不仅会在第一时间进入角色，从一开始就能高效完成本职工作，而且会因为成为团队的一员而体会到工作的快乐，更有可能成为你的长期合作伙伴。领导者和管理者不仅更有可能始终如一地兑现业绩目标，妥善处理优先事务，而且会自觉投入时间和精力去追求改进、创造和创新。

　　此外，高估将流程灌输到企业中所花费的时间，也是很常见的事情。不难理解的是，肯定有人会错误地以为，他必须把全流程中的每一个步骤都记录在案，不能遗漏任何一个细枝末节，并要求员工100%地遵守每一个步骤和每一个细节。我们不妨称之为"100/100/100"方法，把它应用到实务中，是无法实现目标的。

　　即便如此，大型组织、政府机构以及高度监管型企业依旧对这种方法乐此不疲。一位同事清晰地记得，为了一次招聘活动，我们曾花了一个周末做准备，试图对每个操作步骤形成逐字稿。最终我们创造了一个精美、准确的"杰作"，但这个作品根本没有被派上用场，而是被装进一个活页夹里尘封多年。

需要澄清的是，我们完全认同精益生产[①]、六西格玛[②]、ISO[③]（International Organization for Standardization）以及业务流程管理[④]等企业流程再造举措。几十年来，这些方法和模式确实为企业改善业务发挥了实质性作用。而且在某些行业，要满足合规性要求或维持市场竞争力，企业就必须获得这些类型的认证。

但是大多数创业企业和高绩效团队难以承受这些项目的高要求，而且也没有这个必要。一种常见错误是，人们会假设这项重要工作所花费的时间已远超现实所要求的时间，但这个假设恰恰也是造成这项工作无法落实的根本原因。

利用内部知识以及人们熟悉的常见术语及工具，我们制定出简单实用的 20/80 方法。该方法运用了"帕累托原理"的基本逻辑：如果 20% 的投入可以带来 80% 的结果，那么我们何不从这 20% 入手呢？因为这种方法所需要的时间更少，实践结果在今天看来更有效，而且更容易随着时间的推移而不断更新。这样你就可以得到立竿见影的效果，并以此为企业打造更坚实的基础。但关键在于这个起步，没有这个起步，终究一事无成。

---

①指特别的生产组织、管理方式，有两大特征：准时生产、全员积极参与改善。
②指一种改善企业质量流程管理的技术。
③指国际标准化组织制定的一系列标准。
④指一种以规范化的卓越业务流程为中心，以持续提高组织业务绩效为目的的系统化方法。

EOS® 20/80 方法每个人都能落实

美国外科专用器械公司（American Surgical Company）是一家生产脊椎及脑部外科术用小海绵的医疗设备制造商，公司总裁埃里克·皮亚西奥（Erik Piasio）深谙 20/80 方法的价值。

皮亚西奥对此的解释是："在过去八九年的时间里，我们始终严格遵循精益生产管理法，而且已经深入开展了六西格玛技术。这些方法确实产生了积极影响，但似乎也让我们感到无所适从。我们觉得自己走得太远。而 EOS® 的 20/80 方法则致力于帮助每个人，无论是对于每小时赚 16 美元的人，还是年薪 10 万美元的人，让他们理解并运用这些工具，以期获得更持续、更可观的结果，这是一种我们应该提倡运用的方法。"

诚然，要强化你的"流程"确实需要一段时间，但它花费的时间显然不及你想象的那么漫长，而它为你节省的时间可能远远超过你的想象。因此，切莫相信这样的误区——记录、简化以及让所有人都遵循你的核心流程，需要花费太多、太多的时间。

认知误区 3：流程思维湮灭创造力

有些人认为，遵循流程原则就意味着你和你的员工会远离创造力、灵活性或创新性，持有这种想法的人为数不少（见图 1.7）。这个认知误区可能比前两种更普遍，而且更顽固。

图 1.7　在大多数人眼中，执行流程不亚于让他们蹲监狱

即便是埃隆·马斯克这样的企业家，甚至也表达过类似的担忧，他表示：

我根本不相信流程。在很多大公司，僵化的流程已逐渐取代人性化思维。它鼓励人们像复杂机器中的小齿轮那样去工作，让你留下那些既不聪明又缺少创造力的人。

诚然，很多组织会过分要求员工遵守详细的流程。正如吉姆·柯林斯在《从优秀到卓越》（*Good to Great*）一书中所描述的那样，这种方法让最有能力和创造性的员工感到被低估：

> 官僚主义的目的在于弥补能力的匮乏和纪律的失位。大多数公司制定官僚式规则，只是为了管理组织中少数犯错误的人，但反过来却会赶走没有犯错误的人，这就增加了犯错者的总体比例，进而增加了对官僚制度的需求，以弥补能力的进一步匮乏和纪律的进一步失位。于是，更多没有犯错的人遭到排挤，如此恶性循环，周而复始。

这确实让人难以接受。任何有能力的领导者都不愿置身于这些陷入恶性循环的组织。但需要澄清的是，这两位商业思想领袖所描述的，实际上是一种流程失控状态。这是一种极端、非必要的无效方法，完全不是本书讨论的话题。

因此，出于这个原因拒绝强化流程，就是陷入了错误的二元论，诡辩者和骗子都试图以"世间万物非黑即白，非此即彼，不存在第三种选择"来说服人们。就像孩子对父母说："给我买下这款新电子游戏，否则，你就是不喜欢我。"

以下 3 点充分说明了"反流程"为什么是基于错误二元论的偏见。

首先，无论你拥有多么巨大的创造力，要打造一家强大的、可持续的企业，你都需要持之以恒、始终如一的执行力。布鲁斯·斯普林斯汀[①]（Bruce Springsteen）就是一个典型示例。他不仅是一位有特色的原创音乐家，也是自由主义的坚定倡导者。在这个以变化无常而著称的行业里，他成为一名 40 年屹立不倒的超级明星。他把自己取得的成就归功于始终如一的执行。对此，他是这样解释的："吸引观众确实很难，但是要留住观众更难。这就需要你在很长一段时间内保持思想、目标和行动的一致。"

换句话说，创造力和自由本身可能会让你成为昙花一现的奇迹，但它不会帮助你造就一家经得起时间考验的企业。但创建一家兼顾纪律和自由的企业不仅是可能的，而且并不罕见。很多成功企业已经用事实证明，始终坚持做好重要的事情，其实并不需要反流程专家们厉声所谴责的官僚主义。

柯林斯对此提出了自己的观点。他指出，快速成长型公司在坚持一致性执行的同时，完全可以规避非必要的官僚主义。为实

---

①美国摇滚歌手、词曲创作者。在超过半世纪的创作和演唱生活中，他的唱片销售量突破 1.2 亿张，超越了麦当娜、邦·乔维、鲍勃·迪伦等人。

现这种增长，他们创建了所谓的"纪律文化"。柯林斯把这种文化的核心定义为："让思维严谨、行动一致的组织人员在责任框架内自由运作就是创造伟大文化的基石。"

本书提供的工具可以帮助我们塑造这样一种企业文化。这些工具有助于我们迅速构造一个清晰、简洁的高层次责任体系。在这个体系内，有智慧、有创造力的人可以自由发挥，而且能始终如一地实现既定目标。

其次，到底是什么真正剥夺了领导者所寻求的自由呢？显然并不是太多的流程，而是缺乏流程。我们很清楚，当企业发展到一定阶段时，很多创业者感觉自己毫无自由可言。于是，他们会主动寻求我们的帮助。很多人把这种状态描述为"企业囚牢"，而这恰恰是他们以愿景、激情和创造力探求发展的平台。企业家受困于业务不能自拔时，自然没有时间去思考和探索。

在所有人都以自己的方式各行其是的企业中，领导者不可避免地会陷入日常事务中。在这种情况下，他们要花费更多时间去一次次地解答很多基本问题，重复性地为员工提供相同的指导，还要不断调整很多本应形成常规性事务的任务。

使用我们针对流程制定的方法，即可简单、有效地打破这种循环。它可以帮助你的团队掌握基本的核心技术，在日常工作中不断取得更优异的结果。在此基础上，它会帮助你和你的团队减少被重复性事务耗费的时间，进而给你们留下更多的时间去思考、创造和创新。

日常事务系统化——四季酒店做到了带给所有客人美妙体验

四季酒店集团（Four Seasons Hotels and Resorts）创始人伊萨多·夏普（Isadore Sharp）就是利用这种常识性方法，实现了他所说的"将可预测事务系统化，这样你就可以对不可预测的特殊性事务进行个性化处理"。他鼓励领导者、经理和团队成员将基本的日常事务系统化。他招聘员工的标准就是要有天赋和服务意识。他会针对这些重要的可重复事务对员工提供培训。

夏普和其他领导鼓励团队成员发挥自己的判断力和甄别能力，为客户提供真正难忘的体验。于是，入住过的客人会口口相传那些给他们带来幸福时刻的故事。比如，酒店员工记得他们的名字和点过的饮料；在冰冷刺骨的寒冬，员工给他们的孩子送来暖和的帽子、手套和外套，甚至专门送上他们最喜欢的书籍。

正是凭借这些方法，夏普及其团队将四季酒店打造成

全球顶级豪华连锁酒店之一，其卓越的客户服务以及对细

节的无微不至让他们闻名遐迩。

最后，将"流程的严谨性"与"堆积如山的繁文缛节"视为同义词是错误的。这种方法不仅不会让组织变得落后僵化，还会帮助你系统化地处理可预测的事务，让你有精力个性化地处理不可预测的事务。因此，流程非但不会破坏自由；相反，流程只会创造自由。

信念引领企业价值导向

规避这些认知误区及其他可能出现的反流程偏见，是通往流程之路上至关重要的第一步。但是要成功地完成这个过程，你需要做的事情不只是不再排斥流程，还需要真正相信这项工作的力量，并全身心地支持流程化管理。

作为一名成功的企业家、作家以及维珍企业集团（Virgin Business Group）的创始人，理查德·布兰森（Sir Richard Branson）帮助我们认识到，当领导者"全力以赴"时，他们的员工也会倾力而为。

如果你不能毫无保留地坚信流程及其拥有的强大力量，你的员工当然也不会笃信流程的价值。他们只会把打造流程当作当月的又一项优先任务，是可以择机而为的事情，直到连你自己都觉得枯燥乏味。只要有可能，他们就会立即回到原来的轨道上。对流程的淡漠、回避或是可有可无的支持，显然无助于你取得更优异的成绩、过上更美好的生活或实现公司的愿景。

不管你想改变什么，首先需要改变的是你自己。只有克服自己的反流程偏见，你才能帮助别人去克服他们的偏见。你需要让员工看到，为始终做好所有重要的事情，你投入了无比热情和巨大努力。你需要参与团队的研讨和辩论，共同完成为强化流程所要求的工作。在这个过程中，你的热情、长期的经验以及集体智慧拥有不可估量的价值。因此，你必须无私地与所有团队成员分享这些价值连城的财富。

有了你的坚定信念和真诚扶持，你和团队即将掌握的知识必将带来巨大回报。一方面，你的企业将会运行得更加顺畅，实现更好的成果，进而创造出更多的价值；另一方面，你会有更多的

○●

如果你相信某个事情，那么，这种信念的力量就会激发出别人的兴趣，并激励他们帮助你去实现自己的目标。
——理查德·布兰森

时间去应对工作和家庭中的重要事务。你的内心会变得更加平和宁静。你会在这个过程中享受到更多的快乐。

当然，这可能需要你的汗水、决心和努力。这或许不是魔法，但绝对值得你去为之而努力。流程会让你获得自由。

第 2 章

强大的愿景 + 强大的流程 = 强大的企业

> 企业的成长过于依赖一两个关键人物，仅通过增加产品或
> 是员工实现增长，而忽略了流程，将是致命的。

流程，是指一系列能带来预期结果的动作或操作方法。

根据我们的了解，对创业者及其他关注创新和成长的领导者来说，以往针对流程的解释和培训还远不足以为他们带来激励和动力，因而也难以被他们所接受。但与此同时，很多干劲十足、辛勤耕耘的公司股东和领导者并没有实现他们期待的结果，更没有过上他们理想中的生活。

回想一下你创办企业、加入团队或是被推选为领导者的时候，让你感到最兴奋的事情是什么？你认为哪些是可以实现的目标呢？吸引更多的业务机会？为客户提供令人难忘的服务？建立一种有利于吸纳和培养优秀人才的组织文化？打造某种具有长期价值的事物以助你实现财富自由？一切皆有可能。

如果你的企业不能始终如一地实现预期结果，那么贯彻实行流程原则将成为实现目标的关键。在本章中，我们将着重探讨流程为什么会对企业和生活带来巨大影响。首先，我们将对"强大的流程"意味着什么作出定义。其次，我们将会解释实施这项工作的诸多好处。最后，我们需要提醒你，要当心忽略流程而付出的代价。

聚焦核心流程：远超竞争对手的秘诀

在讲述如何为企业灌输更多的流程原则之前，对不熟悉 EOS® 的读者来说，不妨回顾一下本书开头对 EOS® 的介绍。

在全球范围内，已有 20 多万家创业公司通过对某些核心流程加以"记录、简化并为全体人员所遵循"，强化了他们的"流程"。在这种情况下，组织的所有成员都知道该如何以最优的方式完成最重要的任务。尽管这并不能确保任何人都不会犯错误或是遗漏重要步骤，但你始终会得到自己希望得到的结果。

即使错误或者延误不可避免，你的团队成员也随时会意识到问题的出现，主动承担解决问题和修复错误的责任，以确保不会重蹈覆辙，并在随后的工作中取得更好的结果。

不过，为企业打造一台运行良好的机器并不是什么新概念。许多商业思想领袖们相继创造或分享了很多方法，包括世界著名的质量管理专家爱德华·戴明（W. Edwards Deming）、"现代管理学之父"彼得·特鲁克（Peter Drucker）、"零缺陷之父""现代质量运动之父"菲利普·克罗斯比（Phil Crosby）和"商业布道师"汤姆·彼得斯（Tom Peters）等。

著名的组织理论家和企业管理顾问今井正明（Masaaki Imai）将这个过程称为"改善"（kaizen，日语），这个日语单词的基本含义可近似翻译为"为了寻求更好的结果而改变"。

本书为读者提供的方法整合并简化了这些领袖们的很多概念，旨在帮助创业者及其员工和企业沿着不断改进的方向持续发展。在其代表作《创业一次就成功》（The E-Myth Revisited）中，迈克尔·格伯（Michael E.Gerber）对这些概念的精髓进行了提炼，并称之为"特许经营原型"：

这是一种专有的经营方式，它让每一家超凡企业区别于它所有的竞争对手，并战胜它们。

拥有强大的流程，即可为企业当下的一致性执行和未来及时的改进和创新提供高端蓝图。为了实行这个简单原则而投入的时间必将带来不同凡响的回报，并最终帮助你的企业超越竞争对手。下面的案例足以说明这个问题，我们将会看到，清晰而坚定的愿景和流程如何帮助一个家族建立一个拥有大批忠实追随者的快餐连锁企业。

以最优的方式完成最重要的任务，令销售额超麦当劳1倍

1948年，哈里·斯奈德（Harry Snyder）和伊塞尔·斯奈德（Esther Snyder）夫妇联手创办了备受推崇的In-N-Out汉堡连锁店。时至今日，这家公司仍由这个家族控制和经营。在南加州开设第一家全外卖式汉堡餐厅时，他们的初衷就是要出售制作不同风格的汉堡。

从一开始，斯奈德夫妇就坚持出售未经冷冻、不使用加热灯和微波炉加热的食物。他们始终坚持聘用最优秀的人才打理企业。他们一直把满足客户需求作为终极目标，并致力于培育长期的忠实型顾客。

尽管公司只在加利福尼亚及其他少数几个州开设门店，但创始人清晰的愿景，再加上公司对这些基本原则的一致

执行，让他们在整个美国赢得了大批拥护者。在这个价值数十亿美元的快餐市场上，竞争几近残酷。层出不穷的竞争对手似乎每天都在推出新概念、新设计风格的店面、新食品和新营销手段。但 In-N-Out 汉堡店始终坚守他们长期恪守的承诺——确保团队成员每次都能做好最重要的事情，坚守公司愿景毫不动摇。

如果去过 In-N-Out 汉堡店的话，你就有机会目睹这台运行良好的机器。无论是公司还是店面，员工的所有行为完全遵循公司的基本原则，而且始终保持一致。他们的菜单简单得不可思议——只有汉堡、薯条和饮料。在接受顾客订单后，他们会按照一套简单的标准操作步骤制作食品（见图 2.1），然后迅速交付到顾客的手里。因此，他们得以在最短时间内为新员工提供食物制作培训，以非常低廉的价格把顾客吸引到熙熙攘攘的店面里，并为顾客提供舒适难忘的服务。

在选择开设新店的地址时，In-N-Out 汉堡店设立了一套严格的文字性流程。当然，他们还要考虑人口数量、人口结构、交通便利性及其他影响业务发展的因素。但这套流程提出的要求非常具体：所有新开设餐厅必须在距离公

图 2.1　按照一套简单的标准步骤制作汉堡

司配送中心 300 英里（1 英里约等于 1.609 千米）的范围内，这样他们才能即时将新鲜优质的食材送到店面。

　　要求团队成员和近 300 家特许经营商严格遵循这些核心流程，让 In-N-Out 始终走在竞争对手的前面。在他们的每一家店面，最常见的景象就是餐厅被排着长队的汽车所包围，餐厅内挤满了笑逐颜开的顾客。他们排起长队，等待购买新鲜食物。每个人的脸上都洋溢着灿烂的笑容，每个人都会享受到始终如一的非凡体验。公司的年收入始终维持在 10 亿美元以上，而且没有任何债务。最能说明问题的是，他们的销售额比麦当劳的平均水平高出近一倍，而利润率比主要竞争对手及其他连锁餐厅估计高出 20%。

投资流程带来的红利还在继续。他们始终是美国最佳雇主榜单上的常客，团队成员的薪酬远远高于美国的平均收入水平，而且还享受带薪休假以及参与公司 401（k）计划 ① 等福利。整个公司的人员流动率至少低于行业平均水平 75%，店面经理的平均任期为 17 年。

无论按什么标准判断企业的卓越性，譬如财务业绩、竞争实力、客户满意度还是吸引和留住顶尖人才等方面，In-N-Out 汉堡店都让人们看到，严格一致的流程可以帮助你从企业中收获你希望得到的一切。

强大的流程带来 9 个具体而现实的收益

人们很容易忽略一个最简单的事实：每个成功的大企业最初都曾经是一家小规模创业企业。而 In-N-Out 汉堡这样的公司之所以完成由初创企业到大型成功企业的飞跃，是因为早在他们成为价值数十亿美元的业界霸主之前，就已经致力于严格一致的执行。

---

① 始于 20 世纪 80 年代初，是一种由雇员、雇主共同缴费建立起来的完全基金式的养老保险制度。

他们会花费大量时间厘清到底什么才是真正重要的事情，然后再将这些要点形成清晰、简洁的执行指南，并帮助团队成员严格履行这些流程。换句话说，在你的企业还是一家处于成长中的小公司时，要想继续扩大业务规模并实现你的愿景，你就必须从现在做起，切实把原则和责任灌输到整个组织中。

我们即将与各位分享的这些工具，恰恰就是针对10人到250人规模私营创业企业量身定做。这些企业的股东和领导者以成长为目标，拥有开阔的视野，渴望为客户和员工提供优质服务，并产生恒久的价值。这些企业包括制造商、分销商、零售商、专业服务公司和科技公司。但不管你的企业属于何种类型或行业，也不管你的企业规模大小，强化流程都会带给你具体而现实的收益。

1. 不断赢得新客户，总体业绩稳步提升（见图2.2）

如果对企业的营销及销售流程予以记录和简化，并得到所有人的一致执行，那么你就会赢得更多潜在客户，进而提高在竞争中获胜的概率。而且你可以减少对效率低下或定位不精确的销售人员以及无效营销活动投入的时间和资源。

通过严格执行流程原则，你会在不断赢得新客户的同时，留存并增进现有关系。此外，我们曾采访过很多企业的领导者，很多人认为，流程是突破企业发展瓶颈的关键。

图 2.2 严格一致地执行流程，新老客户群壮大，业绩稳步提升

用流程取代监督，员工主动达成高标准作业

因为在周边地区找不到高质量的双语托儿服务机构，这启发娜塔莉·斯坦德里奇（Natalie Standridge）创建了科拉松之家（Casa de Corazón）。她带领自己的专职团队填补了这个空白，专门为非西班牙语顾客提供以环境保护、跨文化学习、健康饮食和西班牙语沉浸式学习为主题的教育服务。随着需求迅速增长，娜塔莉逐渐意识到，她必须保证团队的所有成员都要达到她设定的超高标准，当然，这也是孩子父母期望他们达到的标准。

考虑到她不可能"随时随地"监督每一名员工，因此，她对核心流程进行了记录和简化，形成一套简单易行的标准，并要求所有员工在工作中严格遵守这些流程。如今，她的团队已培养了 650 多名毕业生，并陆续开设了 6 家分支机构。每个新设机构都需要为孩子及父母提供始终如一的高质量教育服务和卓越的体验，这也为他们的全国性扩张奠定了坚实基础。

另一位企业家也坦率向我们讲述了自己的经历。在最初的快速发展时期，他确实对流程不以为然。毕竟，他和他的团队相互了解，也了解公司的每一名员工，大家努力工作，以"不惜一切代价"的求胜心态对待每一件事。他们齐心协力，毫不保留。因此，他们坚信流程无用。直到有一天，他们才发现没有流程让他们举步维艰。

当时，仅仅因为给一位客户开具的发票出了一点小差错，就导致整个网点的业务至少停摆 15 分钟。公司没有制定统一的操作规范，每个网点和每个员工都可以按自己的方式执行业务。因此，即便解答一个简单问题，也需要参与维修项目的 3 名员工全部发表意见。

此时，老板才豁然顿悟，这样的争论每天都会出现在公司的每个网点，而且会涉及销售订单、维修流程以及其他很多环节。值得庆幸的是，他的团队迅速采取措施，及时排除问题，还一并解决了其他类似问题。记录核心流程并形成文字规范，而后，严格一致地在运营中落实这些规范，最终引导公司走上了正轨。

2. 吸引并留住更优秀的人才

在我们创作本书时，发掘和挽留优秀人才已成为全球成长型企业面临的首要问题。加强你的人力资源流程，会让你的公司在筛选、招聘、面试、录用、入职、培训和支持你的员工等方面更有成效。

与其被挖墙脚，不如培养一批人才

多年前，一家采用 EOS® 的科技服务公司就以创新性思维、求变意愿和新流程解决了这个问题。当时，他们难以找到具有相关工作经验的优秀人才。这类人才在市场上较为稀缺，因此，要留住他们更是难上加难。公司的集成业务总监给我们讲述了一个故事：他们以非常高的薪水聘请了一位架构设计师，但仅仅在几周之后，他就被另一家公司以高出 2.2 万美元的年薪挖走。

为了解决这个问题，他们几乎尝试了所有常规策略，但均未奏效。于是，公司领导团队决定，不再从外部招聘经验丰富的人才，转而在内部培养自己的人才。但这需要对他们的人事流程中的几乎每一步实施大规模改造。

为此，他们与当地的科技类院校开展合作，在这些学校中寻找对相关技术有激情而且又不乏天赋的学生，在他们选择具体职业道路之前，为他们提供实习和跨学科培训的机会。他们在原来的写字楼里又单独租用了一层，建造了一个高水平的技术培训中心。

这个项目花费了两年时间，但是在今天看来，公司已在这场人才大战中占得先机。和以前相比，这里的人才得到内部升迁的机会要大得多，离职现象几乎彻底消失。活力、合作与乐趣也成为该公司企业文化的主旋律。

我们有不少企业客户会采用"特事特办"的人事流程，大大提高了他们吸引和挽留优秀人才方面的能力。其中有这样一家客户，在新员工入职的第一天，公司专门召开一场欢迎会。会场布置各种装饰品和彩色气球。会上，公司负责人给员工家人写了一封感谢信并赠送了一个礼品篮，对他们的家人即将为公司付出的时间和精力表示感谢。

还有一家事务所，每当员工进入最繁忙的工作季，公司就会向每位员工的重要家人发出一张手写的感谢信，还附上他们最喜欢的餐厅的就餐券，对他们忍受家人长期在外带来的煎熬表示感谢。

招聘和挽留优秀人才是人力资源流程的目标。公司只有让每个人都能遵守公司的每一项核心流程，才会让员工更有安全感、减少错误，并让他们更快地适应工作要求、更好地执行本职工作。一旦掌握了这些核心流程，员工就会获得自信心和价值感。当然，始终遵循合理的流程，有效地引导、管理和推动责任制，同样有助于人才的引进与维护。

事实已经证明，这对创建和维护卓越的组织文化、充分倾听员工反馈以确保获得所有成员的参与、对超常绩效予以认可和奖励来说，都是行之有效的方式。

在这种情况下，团队成员会把老板看作陪护和支持自己的教练、帮助自己不断提高和进步的朋友，而不是袖手旁观、等待他们犯错的敌人。因此，优秀的人才愿意留下来，并吸引同样有才华的人，而业绩不佳的成员则会感到逆水行舟不进则退的压力。

3. 实现组织中行动的一致性和结果的可预测性

在很多组织中，"卓越"给员工的感觉并不像是一个需要实现的目标，相反，它更像是管理者随心所欲用来给员工打气加油的商业流行词。

即使你非常幸运，为每个岗位找到了最合适的人选，而且每个人都希望做好本职工作，但如果没有强大的流程，他们就只能用自己探索的方法完成任务。或许，你可以让经验丰富（自学成才）的团队成员培训他们的新同事，但这背后的风险不言而喻。这无异于把企业的希望寄托于高风险的传话游戏。

著名外科医生、畅销书《清单革命》（*The Checklist Manifesto*）的作者阿图·葛文德（Atul Gawande）指出，没有主动记录最佳实践会导致系统出现"嵌入性分歧"。在出现这种情况时，领导或员工无法理解这些不一致的起源、目的或影响。对此，科拉松之家创始人娜塔莉·斯坦德里奇的观点值得分享，"在我们记录和简化组织的核心流程之前，人们肯定会花费很多时间和精力去做无用功。尽管他们竭尽全力，但是在很多情况下，依旧达不到我们为客户制定的标准"。

相比之下，"强大的流程"可以帮助我们用简单的重复性操作达到预期结果。从这个基准出发，不管经验如何，所有员工都会认识到以同样方式完成任务的好处。在对流程予以书面记录之后，企业就可以实现行动的一致性和结果的可预测性，这就为持续改进所有流程奠定了基础。在这种情况下，我们无须纠结不一致带来的低效甚至无效行为，因为卓越已经内嵌于我们的文化当中。

4. 创造强大的品牌影响力和客户体验感

这对你服务的人或企业有什么影响呢？通过核心性的营销及销售流程，市场会对产品或服务形成更一致、更现实的期望。核心运营流程可以帮助企业始终如一地提供高质量产品和优质服务。不断满足市场期望，自然有助于创建强大的品牌、提高客户满意度，并降低他们转投竞争对手的可能性。

但更重要的或许在于，以形成文字记录并经过合理简化的核心流程处理客户满意度和忠诚度，可以帮助你更好地理解每个客户的需求。你能始终满足甚至超越这些需求（见图2.3），并通过客户反馈调查或定期业务审查等方式，主动验证他们的忠诚度。

图2.3　谁不会选择清一色五星好评的企业呢？

通过跟踪客户满意度，对顾客的建设性意见作出积极回应，并主动向客户展示你为合理执行和不断改进作出的努力，你和顾客之间的关系也就此形成并被不断巩固。此时，一切皆有可能，伟大或许就在不经意之间成为现实。

项目管理流程中提高客户忠诚度和品牌美誉度

我们的很多客户会将运营步骤纳入核心流程中，以期为客户带来惊喜和愉悦。一家运行 $EOS^®$ 的建筑公司就采用了改进后的项目管理流程。在记录和简化该流程之前，他们首先会确定客户的需求，设计并建造空间，而后不声不响地结束项目。这家公司的负责人注意到，很多房主会自行邀请他们的邻居、朋友和建筑团队，共同庆祝项目的顺利完工。

于是，他们决定把这种快乐的氛围变成项目流程中的一个元素——在项目竣工环节增加一个剪彩庆祝仪式。后来，在项目接近完工时，公司就会私下准备一份客人名单，购买好食物和饮料，邀请客户和他们的邻居和朋友共同庆祝竣工。因此，每当项目结束时，一场庆祝活动会给顾客带来意外的惊喜，而随后的结果自然可以预料——公司也会因为老顾客的推荐而获得更多新顾客。

不管是出于高度一致的执行力，还是美妙的体验，或者两者兼而有之，强大的流程足以保证，客户不太可能抛弃你而转投其他竞争对手，现有客户关系的规模和广度也能得以强化。与此同时，你还会得到更多的免费公关和忠实粉丝的更多推荐。

5. 从大量琐碎事务中脱身，全面提升时间管理水平

正如伍登教练的观点给我们的提醒，做好自己的事情会给每个人带来更多的自由时间。形成文字记录的核心流程可以帮助新员工缩短适应时间，尽快进入角色，并尽早地为组织做贡献。管理者也无须处理大量的基础性事务，可以把宝贵的时间用于人才的培训、引导以及流程的改进。领导者就会有更多时间去设想和思考，制定总体战略和规划，即做领导者应该做的事情——领导。

成为流程拥护者，专注于更重要的事务

一位企业家向我们介绍了他的经历。在和家人创办害虫防治公司时，他始终坚信这样的企业文化——要让员工充分发挥自身的创造力，以他们独有的方式去表达自己。这位创业者本身就是崇尚自由的人，因此，他也不想妨碍任何人的自由。但就在几个月之后，整个领导团队就感受到了缺乏流程带来的压力。他们不得不忙于日常事务，以

至于根本没有精力去培训团队或开发业务。

后来，他们开始梳理和实施流程管理，毋庸置疑，这位老板在员工身上激发出了只有企业家才能产生的热情，而他也成为流程的坚定拥护者。他逐渐意识到，实施流程管理不仅有助于改善执行的有效性，还能让他的团队获得他始终追求的自由。目前，他除了仍亲自负责设计针对新员工及现有员工的培训，不再栖身于其他繁杂的具体事务中。这样，他就可以有更多时间去规划公司的愿景，真正发挥领导的作用。

当然，享有更多自由时间的好处不局限于工作场所。在企业运营中，严谨一致的执行可以给你留下更多时间满足自己的业余爱好、陪伴家人，或是和友人共度。

和那些废寝忘食、整日忙于日常事务的人相比，如果领导者还能在工作之余给自己留出调整和充电的时间，那么他们就会有更高的工作效率，进而为企业带来更多的价值。就像作家安妮·拉莫特（Anne LaMott）在《一只鸟接着一只鸟》（*Bird by Bird*）中说的那样，"如果你让自己停下手里的事情，安静地待上几分钟，那么几乎一切都会恢复正常……包括你自己"。

6. 迅速厘清问题，更高效地解决问题

在你的企业中，采用大家共同约定的方法完成重要任务，无疑可以让你更快、更准确地发现你没有得到自己希望得到的结果的原因。

如果领导团队始终无法决定，如何做到持续做好最重要的事情，那么他们就难以深入问题的本质，被困在碎片化的疑问中——业务增长为什么不够快？为什么不能创造足够的利润？为什么不能吸引和留住足够多的优秀人才？为什么不能为客户提供足够好的服务？

在清晰定义的流程如何帮助我们查找问题的根源方面，卡普里奥蒂三明治连锁店（Capriotti's Sandwich Shop）及布法罗鸡翅连锁店（Wing Zone）创始人兼总裁贾森·斯梅丽（Jason Smylie）的做法最有代表性："如果我们的客户满意度得分低于预期，那么，我们就要追溯到自己的流程，看看可以在哪些环节实施改进。对此，我们可以编写一份报告，全面分析低于预期的原因，或是与我们的团队进行讨论，或是进行现场考察。这是我们在表现不及预期时采用的标准方法。我们首先从审查流程开始，看看遗漏了哪些步骤，或是没有遵守哪些步骤。一旦厘清问题，我们就可以通过培训、衡量和管理来改善成果。"

很多时候，糟糕的流程可能会让好人看起来像个坏人。下面的这个故事足以说明这一点。

明确招聘步骤，化解管理层矛盾

公司总裁希拉愤愤不平地说："在他们两人中，必须有一个人离职。"店面负责人和领导团队的其他成员也纷纷点头称是。运营负责人迈克尔更是难掩愤怒："也许他们两人都应该离职。我们可能有两个'不合适的人'。"

生产经理杰森和人力资源总监戴维似乎水火不容。只要两个人凑到一起，他们就会爆发冲突。

迈克尔指出："我们每次招聘员工时，都会发生这样的事情。他们总是争论不休。无论是什么事情，他们都会各持己见，互不相让。如何收集和评估简历？由谁来筛选？谁来面试？该如何做决定，以及应该何时做决定？面对这些问题，他们每次都会爆发一场内斗。"

等到这些情绪激动的负责人陆续离开后，这位总裁感到焦头烂额、孤立无援。她拿起电话找到公司的 EOS® 专家说："你能帮我想想，到底应该留下谁吗？"

"流程上是怎么说的？"EOS® 专家问道。

沉默了很长时间后，希拉才不好意思地回答："什么流程？"

最后，希拉和团队才意识到，这种性格冲突的根本原因是他们的人力资源流程缺乏明确的招聘步骤。于是，他们开始记录与简化该流程。基于流程，大家展开了热烈讨论。

尽管他们在关键步骤上仍存在一些严重分歧，但他们最终还是达成了一致，确定了所有人都必须遵循的方法。最终，这两位领导者都继续留在团队中，而公司在招聘和人事方面的工作也开始卓有成效。

7. 大幅提升收入和利润

当公司已开始体验上述的这些收获时，利润自然会有所提升。与此同时，作为一名领导者，你对组织而言也更有价值。你减少了被日常工作耗费的时间，有更多的时间去做领导者应该做的事情。

从业务停滞到实现净利润 3 倍增长

来自家政服务公司的一位老板亲身体验了这些好处。

在强化流程之前，这家公司曾长期陷入高销售和低利润的怪圈中。他们的工厂是一栋破旧的建筑物,卫生条件极其恶劣。因此,公司建议新员工不要穿好鞋上班,因为这会糟蹋他们的鞋。尽管员工也在尽心尽力地为客户服务,但明显缺乏严谨一致地实现工作目标的动力。

在从一位家族成员手中收购这家公司之后,糟糕的业绩一度让新老板感到非常沮丧。他说:"我不想成为那种希望每个人都按照我的话行事的领导者,但年复一年的收入停滞确实让人头疼。不过,在我们决定记录并遵循某些核心流程之后,马上就取得立竿见影的效果。"

在随后的两年多时间里,公司的收入从 1 500 万美元增至 3 000 万美元,净利润率也从 3% 跃升至 10%。随着经营业绩的改善,生产设施的质量、场地整洁度、员工的士气和敬业精神以及客户服务的稳定性和一致性都得到了改善。老板和员工不仅可以买更高档的新鞋,还可以穿着新鞋进入厂房。

8. 巨幅推高企业股权的估值倍数

正如上面的故事所述,投资"流程"可以为组织带来的收益增长是"指数级"的。数字就足以说明问题:和一家拥有 1 500

万美元年收入、3% 利润率、员工周转率更高且服务质量不一致的公司相比，拥有 10% 利润率、高度敬业的员工和忠诚客户以及 3 000 万美元年收入的公司显然更有价值。

但除此之外，流程也会对企业价值产生巨大影响。如果你打算把公司股权分享或是转让给其他家族成员、领导团队、私募股权基金、风险投资公司或是战略投资者，那么强大的流程也会成为推高公司价值的重要因素。正如《创业一次就成功》一书的作者迈克尔·格伯播客上所说："如果你的企业依赖于人而非流程，那么你的企业没有任何价值。"

对此，EOS® 创始人吉诺·威克曼也给出了自己的解释："在我合作过的客户中，有 5 家公司最终以非常高的估值倍数卖给价值数十亿美元的大公司。在这 5 个并购案中，所有买家均表示，这 5 家公司是他们所见过的经营最好的公司。"一家公司被外部投资者收购，成交价格达到了前所未有的估值倍数——超过息税折旧摊销前利润的 15 倍，相当于同行业平均交易价格的 3 倍。

简而言之，一家公司之所以拥有价值，是因为它能在不依赖创始人或少数经验丰富团队成员的情况下能持续取得良好业绩。相反，如果你的企业价值完全来自你个人或其他人的努力（比如说，你甘愿每周工作 80 小时），那么投资者更有可能买下你或是你手下最有能力创造价值的人，而不会为整个公司支付溢价。

如果一家公司拥有独立于领导者个人能力的价值创造工具，那么它不仅会在你持有公司股权时创造更多的价值，而且在你未来决定出售部分或全部股权时，也会拥有更大的价值。

9. 有更多时间、精力和财力满足爱好，过理想生活

诚然，即便是我们自己，也认为这是一个新颖大胆的主张。但是，哪怕你能体验到上述这些好处中的某一个——持续吸引和留住优秀的人才，企业也能实现更快地成长、给客户带来更多的快乐、创造更高的利润、拥有独立的价值。你的个人生活难道不会随之得到改善吗？

加班不等于赚钱，流程助你实现工作与生活的平衡

我们的一位客户对公司业绩持续波动感到力不从心。这家公司拥有较高的销售收入和全国知名度，但始终不能持续赢利。更糟糕的是，即便是做好一件小事，或是因为没有做好而需要找人收拾残局，也需要老板亲自动手。为此，他只能没日没夜地工作，让他担心的事情似乎数不胜数，以至于每周他都要对公司的全部业务巡视一次。这让他很难找到与家人团聚的时间。

　　"但事后看来，我自己对流程的抵触才是公司发展的最大瓶颈。坦率地说，我不喜欢别人告诉我该做什么。我认为其他人也会这么想。哎！事实上，人们更愿意按照流程完成任务，而不是绞尽脑汁地自己想办法。"他说。

　　于是，这家公司开始运行 EOS®，并承诺在实施早期即开始强化流程。如今，这位创始人带领的管理团队成功地经营着这家企业，而他也有机会去给儿子的篮球赛和女儿的滑雪赛捧场助威。此外，他现在还经常与家人外出旅行，并通过国际慈善机构组织在世界各地资助了很多困难儿童，帮助他们过上了梦想中的生活。

　　如果你的公司已成为一台能自主正常运转的机器，不再需要你每天谨小慎微的呵护，那么你自然会有更多的时间、精力和财力去寻求个人爱好。实际上，很多成功的商界领袖都在积极参与企业以外的事业。比如说，In-N-Out 汉堡店的老板和领导人创建了一个基金会，他们将收到的捐款全部用于帮助被虐待儿童。此外，他们还资助了很多慈善项目。

　　无论你怎样定义理想中的生活，"强大的流程"都会给你带来追求的自由。因此，你值得为拥有这样的"流程"而付出。

薄弱的流程带来 3 个代价高昂的隐形成本

对处于成长阶段中的组织来说，忽略"流程"可能会让他们付出惨重的代价，有时甚至是致命的。最显而易见的成本增加无疑就是上述好处的对立面。"薄弱的流程"会阻碍企业增长，并削弱赢利能力（见图 2.4）。

图 2.4 "薄弱的流程"会让你的口袋空空

你将很难吸引和留住优秀的人才，也很难为客户提供良好的服务。企业价值会更依赖于你个人的能力和努力，因而会大打折扣。你没有更多时间去做领导者需要做的事情，至于在业务之外享受生活的时间，自然也屈指可数。如下 3 种无助于强化流程的具体方法，可能会损害你的企业。

1. 你需要煞费苦心地寻找并留住优秀人才

如上所述，如果没有一种行之有效的成型方法筛选、招聘和评估顶级候选人，那么你要在这场争夺顶级人才的竞争中获胜几乎是不可能的。

在优秀人才的心目中，他们心仪的组织首先应该清楚地了解他们本人、知道他们追求的什么，而且清楚他们会如何去实现这个目标。他们想知道组织对自己到底有怎样的期望，并对他们能胜任这项工作充满信心。他们希望有关心自己的领导者，辅佐他们取得成功，并在这个流程中为他们提供必要的工具、培训、资源和建议。你可以扪心自问以下几个问题。

☐ 你的公司是否拥有精心设计的流程以领导和管理自己的员工呢？

☐ 你的团队领导、负责人和经理是否接受过适当的培训？

☐ 你的员工的工作是否会受制于老板的个人发挥？

☐ 你是否为每一位员工制定了明确的岗位职责，并为有上进心的员工设计了合理的职业发展道路？

☐ 你是否会鼓励员工创新？你会表彰和奖励业绩优秀的员工吗？

在人才竞争中，优势公司在每一方面都能做到出类拔萃。

还记得前面提到的卡普里奥蒂三明治连锁店及布法罗鸡翅连锁店创始人贾森·斯梅丽吧？在从事快餐休闲服务之前，他曾自称为"六西格玛流程极客"。他注意到，记录成文的简化核心流程有助于迅速、积极地解决人力资源问题。最初，他与合作伙伴在挽留领导层和中层管理团队成员方面确实感到很吃力。这些员工尽管经验丰富，工作勤奋，但始终无法掌握公司的运营方式，因而也难以始终保持良好的业绩。

但是在利用20/80方法强化流程时，贾森马上意识到，他在培训及支持优秀人才方面忽略了一个关键因素。之后每个季度，他和团队成员都会围绕以正确方式完成重要任务的原则，逐一完善核心流程。之后，公司业务开始加速增长，业务范围持续扩展，除极个别人之外，大多数领导者和管理人员的能力开始随着业务的发展而得到不断提高。现在，只要领导者遇到困难，他们很容易就可以从问题出发，顺藤摸瓜，迅速找到未得到一致执行的核心流程。在大多数情况下，贾森甚至无须亲自出马，问题即可自行解决。

员工参与度不高和流动率过高带来的直接和间接成本是巨大的。知名调查机构盖洛普（Gallup）指出，非必要的人员流动已成为美国企业难以绕过的噩梦，据估计，这个问题每年造成的损失高达 1 万亿美元。根据美国人力资源管理协会（Society for Human Resource Management，SHRM）提供的数据，美国公司花费在招聘和培训新人方面的支出相当于员工年薪的 50% 到 75%。这意味着，如果公司每年更换 10 名团队成员，他们的平均年薪为 6 万美元，那么企业一年里就需要掏出 30 万到 45 万美元。

人员流动的间接成本更可怕。如果公司人员不足，或是缺乏经验的新员工数量太多，那么这家公司就不太可能实现增长目标、按时交付优质产品或是提供能满足客户预期的服务。你的方方面面都会变得更艰难。在这种情况下，你不得不去收拾更多的烂摊子，无休无止地给顾客道歉，支付更多的加班费。总之，需要你解决的问题层出不穷。在《聘谁》（*Who*）一书中，人力资源专家杰夫·斯玛特（Geoff Smart）和兰迪·斯特里特（Randy Street）生动地阐述了这一点："根据我们对客户进行的调查研究，招聘失败的平均花费相当于员工基本工资的 15 倍，这是实实在在的成本和效率损失。"

2. 你的业务将会停止增长

在企业中，几乎任何环节的执行差异都有可能导致业务增长停滞。如果没有坚实的营销流程，会导致公司缺少强大的品牌影响力、不能发掘合适的潜在客户、无法在竞争中脱颖而出，更不能促成交易，这导致很多公司不得不为此消耗大量的时间和金钱。

如果没有良好的销售流程，公司就很难持续开拓新业务、与顾客建立牢固的关系、持续增加新客户并不断赢得老客户的推荐。

如果没有稳定的经营和财务流程，公司就很难让来之不易的客户获得令人满意的售后、持续购买公司提供的产品或服务，并最终导致公司的财务健康受到威胁。这里就有一个因创业初期缺乏流程而拖累业务增长的具体案例。

忽视流程导致永久退出市场，又靠流程破局重生

FBC 房屋改造公司（Remodel FBC）是一家快速成长型企业，他们在为科罗拉多及明尼苏达州客户提供有效服务的同时，也实现了利润的持续增长。他们在当地开设的办事处不仅赚得盆满钵满，更成为人才云集之地。后来，他们决定在弗吉尼亚州增设第 3 个办事处，这让他们一跃成为美国最大的房屋改造商之一。

但就在短短 3 年之后，弗吉尼亚州办事处被关闭，留下了一个烂摊子。到底出了什么问题呢？问题的根源就是新业务的所有环节都缺乏流程的约束。

在公司最早开设的两家办事处，经验丰富、值得信赖的管理者始终坚持团队成员必须严格遵循记录成文的流程。尽管这些流程并不完美，但公司把它们视为维护运营方式的根基。如果新员工不知道自己该做什么，或是应该如何执行任务，管理者就会引导他们"按流程"操作。

但是在弗吉尼亚州的机构中，团队完全不了解或是忽视了这些成型的售后流程。相反，领导者和管理人员把业务的成功寄托于员工的工作经验。对此，FBC房屋改造公司的创始人解释说："我们没有针对这些已被实践检验的流程为团队提供培训。我们认为，我们聘用的员工完全不缺乏天赋。因此，我们允许员工按自己的方式执行任务，而不是接受我们的既定方式，这就给他们提供了太多的回旋余地。这是一个致命错误。但是我们意识到这种做法造成的问题时，已为时太晚。"

作为亡羊补牢的措施，股东们把自有资金借给公司，追加投资50万美元，接受原来由弗吉尼亚办事处承揽的项目，而这家办事处则永久地退出了市场。此后，他们重新开始关注原有市场及现有客户。

尽管代价惨重，但这些刻骨铭心的教训最终还是给他们带来了回报。公司团队进行了彻底改组，浴火重生，他们对已经掌握的知识进行记录和简化，并着力改善流程的严谨性和一致性。

5 年后，团队根据新的市场开发流程，在伊利诺伊州的内珀维尔市开设了一家新办事处。他们聘请了优秀人才，并投入了大量时间和精力为他们提供针对核心流程的培训。他们鼓励团队成员在流程框架内独立判断。迄今为止，这种模式效果良好。如今，该公司 3 家办事处均处于持续增长的上升势头，拥有良好的顾客满意度和健康的资产负债表。

3. 你的业务可能已经落后或者过时

拥有"强大的流程"自然需要对重要事项的执行方式进行持续的审查、更新和改进。

如果不能以批判的眼光审视既有流程，无法根据环境变化及时进行更新和改进，你的企业迟早会遇到问题，失败自然也不遥远。这听起来或许过于武断，但这就是现实中大部分出租车公司的遭遇。这些公司曾经垄断了所有交通枢纽周边的市场，直到两位年轻企业家另辟蹊径，打破了原有的垄断。

优步以流程创新颠覆传统出租车行业

几十年以来，按传统模式经营的出租车公司一直占有明显优势，这种优势甚至已接近垄断。

这种陈旧老套的商业模式已带来了灾难性结果。对消费者来说，叫车或预订出租车的方法因城市而异，甚至会因公司而异，服务质量难以预料。对出租车司机而言，这种谋生手段就是对他们身体和财务的巨大考验，而且往往代价高昂。

以纽约市为例，出租车司机需要独立购买牌照，才能从事自营服务。2014 年，仅仅购买自营牌照的成本就高达 100 万美元。

对于这些过时的客户服务和业务增长方式，吉姆·柯林斯称之为"成功带来的傲慢"。柯林斯在《再造卓越》（*How the Mighty Fall*）一书中指出，当一个行业把"成功视为一种资格"或是"忽视最初缔造成功的基本要素"时，这个行业就会走向没落。这种傲慢会导致招聘、培训、收入支出和服务客户等流程陈旧过时。这也为外部力量颠覆行业提供了可乘之机。

其实，优步（Uber）的创始人并不是行业专家，他们只是对服务感到不满的客户而已。在一场暴风雪中，计算机程序员加勒特·坎普（Garrett Camp）和朋友特拉维斯·卡兰尼克（Travis Kalanick）没有办法叫到出租车。于是，他们拿出 800 美元聘请了一名专职私人司机，这促使他们推出了早期版本的拼车业务。后来，他们建立了流程，并采用最新技术为顾客提供更优质的乘车体验。

优步在寻找、预订和支付乘车费用等方面的流程，确实让他们马上占据了优势。加入优步司机的流程更简单，成本也更低。双向互评系统既可以对司机的优质服务进行褒奖，也可以鼓励其提供更好的服务。在需求和技术的推动下，所有这些流程创新在一夜之间让出租车行业发生了天翻地覆的变化。

在几个主要的商务乘车业务中，优步和来福车（Lyft）等网约车服务在仅仅运营 3 年之后，就从原有的租车（55%）及出租车业务（37%）手中抢走 8% 的市场份额。到 2018 年，他们已经拥有了 70.5% 的市场份额，而租车业务的市场份额则下降为 23.5%，出租车更是只剩 6%。或许并非巧合，就在这一年，纽约市出租车牌照的费用下调了 80%，降至 18 万美元。

在上述案例中，不管是收入增长能力的下降，扩大业务规模能力的限制，还是市场份额的巨大损失，缺乏流程给业务和生活造成的高昂成本无疑让这些情况雪上加霜。

安德烈·杜兰德（Andre Durand）是身份管理平台的创始人。Ping Identity 是一家刚刚公开上市的企业软件解决方案平台公司。谈到这些成本给这家成长型组织造成的影响，杜兰德说："在创业初期，我们的成长完全依赖于人。我们的销售知识全部来自一两个关键人物，运营、客户服务和会计等环节的知识也一样。如果一家公司完全依赖人员，而不是流程，随着事情变得越来越复杂，这种依靠人的做法就难以维系。这就促使我们不得不走出人的束缚，转而求助于流程。"

随着形势的发展和变化，完全依赖"族群部落知识"，即只存在于部分员工头脑中的公司信息的做法会遭遇越来越多的困难和瓶颈。如果领导者不能有效地承担起领导职责，各种各样的困难都会不期而遇。庆幸的是，因缺乏或疏忽流程而招致的风险和成本是完全可避免的。做好准备，本书的第二部分"升级工具"将会告诉你如何实现这个目的。

第二部分

LEARN

升级工具

如何记录和简化流程，
并让所有人都遵循？

PROCESS ▶▶▶

第 3 章

谁是负责流程落地的最佳人选？

理想状态下，有能力和决心达成流程落地的人才是最佳人选，而不是业绩最好的员工或是名义上的"领导者"。

通过第一部分对"转变认知"的讨论，希望我们能帮助你正视因忽略和未遵循流程而造成的问题、挑战以及由此丧失的机遇。在此基础上，我们将探讨如何记录和简化核心流程，并确保流程得到所有人的一致执行。在第二部分中，我们除了会为你提供循序渐进的操作指南之外，还将介绍一整套已被全球数十万家企业采纳的简单概念及实用工具。

对普通领导团队来说，使用这些工具并依次完成这些步骤通常需要 9 到 12 个月的时间。在实施这些步骤之后，你和团队将得

· ·

学习能力是领导者最重要的素质。
——微软董事会独立董事、蔚来汽车前首席执行官
帕德马锡·沃里奥（Padmasree Warrior）

到一张清晰、简单的路线图。有了这张路线图的指引，你的企业或团队长期缔造非凡业绩的梦想将成为现实。

你才是这项任务的终极责任人和推动者

在这条通往成功的道路上，你和你的领导团队需要先行一步，然后再带动员工和企业共同前进。当然，和你的下级管理者及关键个人保持合作，同样也是成功的必备条件。但归根到底，你和你的领导团队才是这项任务的终极责任人和推动者。

这或许会让你感到意外。在很多领导者心目中，记录流程这项工作应该交给最称职的人。但是把如此重要的任务交给别人，自己想不管不问，显然是不可能的。

比如说，你把这项任务交给公司最优秀的销售员。他是这个领域的"明星员工"，他做事特立独行，在工作中独当一面，每个季度都能交出一份出色的业绩答卷，而且在客户和同事中人缘极佳。他的成绩可能源自你的亲手培训，也可能是基于他独特的实践经验。

即便如此，如下 3 个方面的原因，使得他不会成为记录和简化销售流程的最佳人选。

1."明星员工"可能不喜欢这个理念

拥有一流业绩的员工肯定非常享受做一流员工的感觉。假设你要求他把每天完成的重要任务和独特的方法归结为几个重要步骤，并说你打算利用这份总结指导组织中的其他人，让他们也能像他做得这么好，如果他的身边有竞争对手，那么他很有可能不会全心投入这项任务。

一家客户曾告诉我们，在他们的组织中，一位拥有顶级业绩的员工同意协助记录核心流程。当天晚上回家之后，他对妻子发了一顿牢骚，对公司创始人让自己协助记录工作中的重要步骤表示不满。他在晚餐时把这件事告诉妻子，但妻子的回答让他既吃惊又害怕，"他让你把工作重心从你最擅长的事转移到陌生的领域。你明天最好带个纸箱去上班。你可能马上会被解雇！"。

2."明星员工"或许确实难以胜任这项任务

对很多业绩优秀的员工来说，成功可能已形成习惯。因此，用简单、直白的语言去描述他们的工作内容和方法可能很困难。

多年之前，我们曾问过一位顶级销售员，他如何做到在一场贸易展中签下这么多订单。他的回答再简单不过："我也不知道。我在朋友聚会中认识几位潜在客户。我们甚至还没有谈到生意的话题。接下来的事情，你可能猜到了，他们都想向我购买产品。"这个回答确实很有趣，但这显然不是我们可以或应该记录和简化的事情，更谈不上让所有人去遵守。

但有些顶级业绩者的问题恰恰与此相反。他们已全身心投入工作的每个细微之处，以至于根本就无法简化这些细节。在他们的思维中，这个流程不应遗漏任何一个细节，需要覆盖所有可能发生的例外情况，甚至还要考虑"潜在客户在什么时候说过某句话？"之类的具体问题。

要记录你希望销售流程在实务中的每次具体执行方式，而不是所有可能的变化，即便是对经验丰富的团队成员来说，这也并非易事。

3."明星员工"的时间完全可以用到更有价值的工作上

优秀的销售员可能只关注他的销售成果，或是希望用更多时间去开发新客户和新业务关系。

说实话，让他专注这些工作本来就符合公司的最大利益。但不管怎样，你还是应充分利用这个机会，认真观察他在做什么，又是如何做好的，然后，向他提出问题，了解他的策略，请他提出改进意见或是针对如何简化某些步骤提出建议。

你不能只把接力棒交给他，然后指望他一个人带着接力棒冲向终点线。

流程领导者是执行人，更是"设想家"

在这条道路上，你注定会遇到形形色色的阻力。因此，在每一个步骤里，耐心、决心以及对这项工作笃信不疑都至关重要。愿意倾听、勤于学习和善于引导，是造就纪律文化的强大武器。

每个团队都需要一位强大的领导者，这个人要对流程充满激情，并善于巩固和维护团队的专注力和责任心。在启用 EOS® 的公司中，领导者通常就是系统的"执行者"，但有时也可能是以无比热情推行流程的"设想家"。

但是，如果团队中这个显而易见的领导者并不是项目的推动者，那么你就需要在领导团队中找到一个真正了解和关心流程的成员。这个人可以是你的运营总监或财务主管，甚至是以流程为导向的销售主管。不管怎样，你需要的是一个知识渊博、意志坚定的人，帮助你克服前进过程中面临的挑战。

找到这样的流程领导者，你就拥有了一支既有技术又有活力的团队。所有人全力以赴地投入通往成功的征程。然而，尽管前方的道路通畅，也不可能总是一帆风顺，更不要把它想象得易如反掌。两个"EOS® 工具"（三步骤流程记录工具和 FBA 核对清单）和一套附赠的"心想事成"工具是本书随后两章探讨的重点。

PROCESS ▶▶▶

第 4 章

三步骤流程记录工具，克服惯性

流程落地中最大的挑战就是克服惯性行为，如果团队无法
目标一致地做出改变，则无益于企业的长期发展。

我们即将分享的这些内容貌似显而易见，甚至会让人觉得无
足轻重。诚然，这的确是 3 个再简单不过的步骤，但简单并不意
味着低效或是没有价值。相反，正是这种简单，才让这套流程成
为所有创业企业屡试不爽的制胜法宝。

事实上，很多流程改进方案之所以未能最终取得成功，恰恰
是因为领导者没有认识、掌握或是遵循这些基本原则。他们没有
全身心地去落实这些步骤，而是急功近利，试图省略这些貌似简
单的步骤，抑或对这些步骤将信将疑，并最终让它们流于形式。

如果你的领导团队不能 100% 地做到目标清晰、团结一致，那
么你就不可能始终做好企业最重要的事情。"三步骤流程记录工具"
可以帮助我们对企业的"核心流程"达成一致。在此基础上，我

们可以对每个流程的基本步骤统一认识，并详细厘清每个步骤所对应的人员、内容、时间、地点和方式等基本要素。它会帮助我们确定如何以最优方式整合打包这些核心流程，以便日后查询和反复使用。

如果企业的所有领导者齐心协力，共同致力于让这些流程"得到全体员工的认同和遵守"，那么他们注定会以超常效率完善自身行为方式。反之，如果没有这种协作与笃信的态度，他们就无法克服组织所固有的惯性行为。因此，任何对惯性行为的改革，哪怕只是微乎其微的调整，都会造成难以逾越的巨大阻力。这也正是这个简单工具拥有如此巨大威力的根源。

步骤 1：识别与确认核心流程

有些人可能会觉得，这不过是一项只需 5 分钟即可完成的练习而已。我们也曾听到过很多领导团队声称，他们"早已知悉"自己企业的核心流程是什么。因此，得知练习可能需要

①
识别与确认

占有 1 个小时左右的时间，他们大多会觉得难以理解。

　　我们想要提醒领导团队，我们的任务是识别并锁定公司的"少数核心流程"，并对这些流程达成"一致"意见。这个要求的核心在于"少数"与"一致"这两个词。只有在领导团队独立进行这项练习时他们才会明白这个要求的良苦用心。领导团队偶尔也会请求我们给予支持，即便是在这种情况下，完成这项练习也需要大约 1 个小时。练习的内容如下所示。

　　我们会提醒团队中的每个人，我们将采用 20/80 方法。你的员工每天可能会做 100 项不同的事情，我们没必要对其所有任务进行记录和简化。相反，我们只需关注少数几个核心流程。也就是说，在全部业务中，组织成员经常重复的可能只有 5 到 12 项较为重要的业务，而这些业务正是让组织不同于竞争对手和创造价值的关键。那么，完成哪些任务让你的组织成为更适合工作的场所呢？你实行的哪些流程为客户带来的价值更大呢？你如何按时完成任务、满足预期、击败竞争对手并为组织带来利润呢？换句话说，在企业的成功秘籍中，有哪些是不可或缺的要素呢？

　　我们向这个领导团队出示了一份样本列表，并告诉他们："很多公司都会创建一份列表，列出人力资源流程、市场营销流程、销售流程以及财务管理和客户服务流程等重要流程。"针对如何构建产品、提供服务和管理供应链等重要业务，大多数公司会创建

2 到 5 个基本操作流程。此外，大多数公司都会设立财务及业务运营流程。在完成上述练习后，你可通过白板、活动挂图或在线绘图工具等形式，识别并确认公司的核心流程，如下所示。

- ☐ 人力资源
- ☐ 市场营销
- ☐ 销售
- ☐ 财务管理和客户服务
- ☐ 业务 1
- ☐ 业务 2
- ☐ 业务 3
- ☐ ……
- ☐ 会计
- ☐ 业务运营

这项练习的目的只是为团队提供一种思维和灵感，而不能把它直接当作正式的操作规程。我们希望每个领导者从本组织的实际情况出发，认真思考到底是哪些因素导致这个组织始终与众不同并拥有价值。因此，他们需要静下心来，用 5 分钟的时间认真思考，根据这些基本要素形成自己的清单。那么，到底是哪些要素构成你的核心流程清单呢？。

"静下心来，用 5 分钟的时间认真思考"这个要求的核心，就在于 "5 分钟" 和 "静下心来"。你一定要让团队独立地思考和推敲，不要让他们分心。每个人思考和处理问题的方式都会有所不同，很多人需要在安静的环境下整理自己的想法。在这种情况下，他们无须大声阐述自己的观点或是交换意见。

接着，我们便进入合作阶段。此时，我们希望最大限度地听取所有团队成员的想法和建议，并通过讨论和总结，最终形成一系列更高层次的指导性意见。

在所有人记录自己的观点后，我们可以使用白板、流程图或绘图软件等工具编制列表。你要将团队成员提出的想法记录在你之前书写的清单旁边。这样，每个人就都能看到这份列表。你要让每个人都能了解其他人的想法。如此一来，你就可以引导他们通过讨论、分析和总结，逐步完成整个决策流程。具体练习步骤如下所示。

① 从清单上列示的第一项开始，向团队成员提问："这是我们的核心流程之一吗？"

② 引导团队做出决定——是或否

- 如果答案为"是"

  ○ 继续提问："我们应该怎么命名这个核心流程（比如，人力资源流程还是人事流程）？"

○ 达成一致。如需调整,则在白板上完成所有修改,以便让全体人员都能看到这个过程。

● 如果答案为"否"

○ 继续提问:"这是其他核心流程中的一个重要步骤吗?"

○ 如果答案为"否",划掉该项目。

○ 如果答案为"是"

— 帮助团队确定,它属于其他哪个流程或者该流程中的哪个步骤。比如,你可以确定"开具发票"属于会计流程其中的一个操作步骤。

— 划掉该项目,画一个箭头,将该项目与相关核心流程链接起来。

③ 重复该练习的步骤 1 和步骤 2,直至团队筛选完所有核心流程。在按重要性对所有项目排序后,可以在白板上看到最终的核心流程列表,具体可以是如下这种形式。

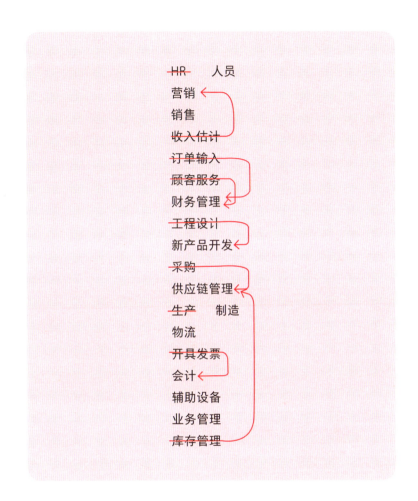

步骤 1 中会遇到的问题与解决方案

　　如果你是步骤 1 "识别与确认核心流程"的负责人，如下经验或许有助于你完成这项练习。你要一次性完成这个步骤几乎是不可能的。遇到问题和障碍很正常，你不必担心。在遇到障碍时，我们很可能会听到如下这些问题或担忧，当然，我们也针对这些典型问题提出了最优的解决方案：

1. "核心流程和 ＿＿＿＿＿＿＿＿＿＿＿＿＿＿＿ 有什么区别？"

我们曾经问过自己无数次这个问题，并在空白处填写了几十个常见的词或短语，例如流程、标准作业程序、非核心流程、政策或主要步骤等。

切记，我们如何称呼这些任务并不重要，重要的是你赋予它们的优先性。你不要把时间浪费到查找字典或是词库上，要提醒你的团队，你只想为组织确定 5 到 12 个最重要且需要不断重复的流程。

如果步骤 1 中所有答案都是否定的，那么它就不是组织的核心流程。这个项目可能只是核心流程中的一个重要步骤，或者属于其他流程。归根到底，我们必须澄清，它并不是一个核心流程。

随后，你要让团队转入后续任务，即确定对组织最有意义的几个核心流程。你的任务相当于主持人，引导团队成员逐个审核清单上的项目，并逐一决定某个项目是否属于核心流程。对任何问题，都会有个别成员提出疑问而且希望马上得到答复，此时你可以让他们耐心等等。

2. "我们的核心流程不止 12 个。"

几乎在每一个团队中，都不缺少那种生来就喜欢追求细枝末节与解决复杂深奥的问题的人。一位担当 EOS® 专家的同事给我们讲过这样的经历。他的一名客户从事高度复杂性设备的制造、销售及售后服务。当这位 EOS® 专家告诉他，他的团队可在 1 小时内完成第 1 步时，这位公司创始人竟然感到不可思议。

"不可能的，你想打赌吗？"看来他的确不相信。EOS® 专家接受挑战，并承诺练习时间不会超过 60 分钟。

果不其然，仅仅用了 58 分钟，该团队就完成了第 1 步，如释重负的 EOS® 专家做到了。

在完成"三步骤流程记录工具"的步骤 1 时，有些人可能会列出 15 到 35 个核心流程。你不要因过于细化或是因不同建议带来的冲突而感到沮丧，要耐心地把每个人提出的每个项目添加到白板列表中。你一定要坚信，只要大家齐心协力，这个核心流程清单肯定会越来越简化。

在试图将清单简化的过程中，自然会出现各种各样的分歧和辩论。团队中从事具体事务的人或许会说："仅在会计方面，我们就实施了 15 种不同流程。"为满足 20/80 方法而制定一种只包含 5 个步骤的核心会计流程，会给他们带来麻烦。他们的清单中可能会包含发票流程、应收账款流程、应付账款流程、财务报告流程以及现金管理流程等。

只要所有人都坚持高标准、简单化和清晰化的行为原则，这种辩论便有益无害。从细节出发，有助于让整个团队通过相互协调而达成一致，并最终让公司做出正确决策。因此，你不妨这样问："大家认为，哪种方法更有可能为我们的员工制定出最简单、最清晰的最高指导方针？是建立一种把其他这些项目作为'主要步骤'的会计流程，还是同时设立 5 种相互独立、更详细的流程？"

如果你正在组织团队进行这项练习，并希望帮助团队中的"复杂性爱好者"接受 20/80 方法，那么你不妨这样提醒他们，这项练习的目的只是为了创建总体纲要，而非操作规程。

对一个喜欢事无巨细的领导者来说，他追求的就是细节，加班加点根本无所谓。在这种情况下，你只需请这位领导者从高级别的 20/80 方法开始。在对少数核心流程的主要步骤达成一致后，财务负责人可在此基础上制定更详细、更全面的财务操作流程、政策或标准操作程序（SOP）。

3. 准备、瞄准、瞄准、瞄准、瞄准……

温斯顿·丘吉尔（Winston Churchill）曾说过："完美是前进最大的敌人。"创办企业尤其如此。很多领导者都是完美主义者，这是一把双刃剑。一方面，在推动成长型企业增长或是领导充满干劲儿的新锐团队时，这种追求完美的愿望不可或缺。另一方面，在强化流程时，它可能会使你的努力难以维系。

提醒你的团队，你们只是在充分利用已收集的信息，并以最优方式完成任务。因此，你们既不需要追求尽善尽美，更不需要为实现卓越而优化每一项措施。如果你觉得只有对每个流程的每一个步骤都达成共识才能去尝试新事物，那么你永远不可能发现新事物。如果你在步骤1中受制于这种心态而止步不前，那么你只需提醒参与者，他们今天或许并不需要做到板上钉钉。因为随着时间的推移，他们会有更多机会去改进和完善。

如果你的团队因为追求完美主义而纠结，那么你可以考虑用一个类比让他们走出困境。你可以把组织比作一个想减肥的人。他想恢复良好的身形，就会研究不同的减肥饮食方案——从西柚减肥法 ①，到素食减肥法，再到原始人饮食法 ②。他还可以咨询最优秀的培训师、健身教练或营养师。他可能会研究最高档的健身装备、器材甚至是某种特殊的锻炼技术。经过所有这些准备，他会清楚地认识到，自己的身材为什么会走样，甚至已经为重塑身

①西柚减肥法是通过不给身体摄入糖分，进而促使燃烧储存的糖分和脂肪的减肥方法。
②原始人饮食减肥法是通过不去选择精加工食物，而是像原始人一样选择天然食物来减肥的方法。

材而制订出一套顶级健身计划。但是要落实这套计划，可能需要几个月或是更长时间。

你可以引导他们往正确方向先迈出第一步。比如说，这个人需要定期称量体重并定下一个目标——确保体重每月减少 2 千克或是每周减轻 1 磅（1 磅约等于 0.45 千克）。他也可以每周坚持 5 天锻炼身体，且必须严格一致地完成几个主要步骤。随后，他可以迅速优化健身流程，直到这套流程能始终带来理想结果。这个过程的关键在于不断进步和完善，而不是一步到位，完美无缺。

你还可以把实施计划比作教孩子学习球类运动。在这种教学过程中，你先要耐心地帮助他们打好基础，再不断提高能力。这恰恰就是我们需要做的事情：努力帮助团队理解简化的重要性以及掌握基本要领的价值。最后，他们可以从自身实际情况出发，决定最适合自己的细节。你的准备工作越简单，就越有启发性，瞄得越准，开火的时机越好，结果肯定越好。

4. 核心流程与经验流程之间有什么区别？

核心流程是组织核心人物为实现预期结果而需要反复实施的行动。经验流程则是组织营销战略中的一部分。你可以站在客户的视角，通过图例来描述理想的顾客体验。在下页这张图中（见图 4.1），我们可以看到实施 EOS® 的公司所遵循的典型"经验流程"。

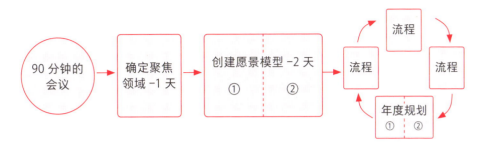

图 4.1　EOS® 模型下的"经验流程"分为 4 个步骤

战略培训（Strategic Coach）公司创始人、《终身学习》（*The Laws of Lifetime Growth*）作者丹·苏利文（Dan Sullivan）把这两套工具和观点之间的差异称为"前台与后台"。核心流程旨在澄清和简化你和员工在后台或幕后的工作流程。经验流程旨在体现所有客户与你互动时所能体验到的流程。归根到底，遵循后台的核心流程有助于为客户提供始终如一的前台经验流程。

还有一个重要的细节：一旦确定了真正的核心流程，你就必须让团队成员就每个核心流程的名称达成一致。你必须让全体成员看到统一的规则。如果领导者连如何称呼核心流程这么简单的事情都没有定论，那么这无疑会向其他人发出一个信号：你本人

○●●

如何称呼一件事很重要。

——索尔玛兹·谢里夫（Solmaz Sharif），《看：诗歌》（*Look: Poems*）

还没有和其他成员取得统一认识。因此，你和团队需要共同决策，确定每个核心流程的名称。它到底是"人力资源流程"还是"人事流程"？是"销售流程"还是"业务开发流程"？是"营销流程"还是"品牌推广流程"，或是"潜在客户开发流程"？围绕核心流程的名称进行充分讨论和调整，并最终取得一致看法，有利于团队成员提高行为的清晰度、效率性和一致性。总之，你要坚持开放、接纳和始终如一的原则。

你和团队可以做出任何决定，即使最终名单上包含 12 个甚至更多核心流程。唯一的前提就是决策要完全适合你的组织。要完成"三步骤流程记录工具"的步骤 1，你只需让团队成员将白板上的清单或列表转换为执行手册或视频课程的目录，通过这些载体，即可形成一套行文简洁的核心流程档案。而后，我们即可进入"三步骤流程记录工具"的步骤 2。

步骤 2：记录与简化核心流程

有了这个总体列表，你和团队就可以启动记录与简化核心流程这项任务。通过流程领导者牵头和主持的讨论，你

②
记录与简化

们可以用 5 到 10 分钟时间确定一项总体计划。

具体可以提出如下问题：

我们首先应记录哪些流程？

谁负责记录与简化每个核心流程？

最终的核心流程应该是怎样的？

每个流程以及整个项目应在何时完成？

你们要逐一解答这些问题。为确定每个流程的优先性，你们需要考虑很多因素。大多数团队首先会选择近期最有可能取得最大投资回报的流程。如果生产误差、延误和浪费是无法控制的，那么你们就应从生产或制造流程开始。如果在吸引或留住优秀人才方面存在问题，那么你们可以首先从人力资源或人才流程开始。

个别情况下，团队可同时选择一个或多个他们认为"目标易于实现"的"简单"流程为起点。尽管这种方法并没有错，但你认为理所当然的简单事情，在现实中或许不会总如你所愿。

○●

简单可能比复杂更难。
你必须努力让自己的想法变得清晰明了，让它变得简单。
——史蒂夫·乔布斯（Steve Jobs）

1. 我们首先应该记录哪些流程？

福洛莱特控制有限公司（Flow-Rite Controls）为船舶、电池、水培和工业市场提供自动单点注水控制系统及产品。在开始记录和简化流程时，摆在领导团队面前的任务似乎非常艰巨。人力资源副总裁谢伊·希克曼（Shea Hickman）希望团队始终对这项工作保持热情，并且尽快取得一些让所有人都能受益的成果。她说："我们优先考虑涉及全体员工以及近期对公司影响较大的流程。所以我们选择从订单接收业务开始。随后，我们又选择了招聘及财务流程。事实证明，这种方法对我们是有效的。"

2. 谁负责记录与简化每个核心流程？

在厘清各流程的优先顺序之后，每个核心流程可任命一名团队成员牵头负责，这个人有时也被称为流程负责人。这样的人选有时显而易见，如果领导团队中有一位首席财务官或财务主管，那么这个人当然是负责记录和简化会计流程的最佳人选。

但这个人选有时没那么明显，客户服务流程可能涉及所有部门的成员，在这种情况下，你需要跟每个候选人进行讨论，合理选择善于协调跨职能团队工作的人选，以便让他带领团队将项目顺利进行到底。

但无论哪种情况，这个团队的领导者无须亲自执行全部任务，揽下所有工作。相反，他只需承担带领团队完成项目这个终极责任。他需要明确哪些管理者及成员可帮助项目获得成功。他要善于观察和倾听，协调所有团队成员的行动，并保持项目进展。一旦项目偏离轨道，他需要召集会议，找到问题的症结，进行必要的调整，让项目回归正轨。

在项目团队创建了文档式的核心流程初步简化方案之后，团队领导者或流程负责人负责审核，之后再提交给上级，后者对此进行最终的审查、修订和批准。

3. 最终的核心流程应该是怎样的？

它到底应该是一份正式的文档、一张工作流程图、一系列图示还是一段视频呢？如果项目负责人不清楚"最终产品"是什么样子，那么他们就很难进行合理规划。要解答这个问题，你不妨结合"步骤3：打包与整合"来思考。

4. 每个流程以及整个项目应该在何时完成？

你要确保为记录、简化并取得领导团队批准的每个核心流程设定一个时长。对大多数团队来说，90天是一个理想的时长。但这只是一种指导性的20/80方法。90天一般足够组建项目团队、观察和评估目前的项目进展情况、寻找简化或精简流程的方法、领导团队或关键参与者对初步方案提出反馈并形成最终方案。

核心流程、目标与考核标准

运行 EOS® 的公司不仅要制订明确的愿景和计划，而且要精于我们所说的"长期预测"，即设定和实现目标。为制定和完成长期目标提供支持的 EOS® 工具包括"一年期规划"和"季度性目标"，后者是针对未来 90 天制定的一套业务标准。

"大石块"（Rocks）一词源于《高效能人士的七个习惯》（*The 7 Habits of Highly Effective People*）的作者斯蒂芬·科维（Stephen Covey）为说明事情轻重缓急而设计的实验，在这里我们可以理解为考核标准。

实验的目标是让实验对象把水、沙子、鹅卵石和大石块全部放入一个圆柱形玻璃桶（代表时间）。实验的具体内容是，给实验对象一个已经装填了部分细砂、小碎石和水的瓶子，以及一些大石块（上面标注着"家庭幸福""休闲时光""身体健康"等字样），让他们将这些大石块装入瓶子。实验对象往往会迫不及待地把石块放进瓶子里，但最终他们只能装入一部分。

实际上，正确的方法应该是把瓶里的细砂、小碎石和水全部倒出来，先装入大石块，而后放入细砂，最后装水，这样瓶子就能装得下所有这些。这个实验说明的道理是，人应该先做最重要的事情，而不是先做最紧急的事情。

在实践中，团队领导者经常陷入当下最紧迫的任务（甚至是既不重要也不紧急的事物）中而不能自拔，以至于他们很难把握和完成真正有意义的重大任务（把大石块全部放入玻璃桶）。因此，设置和完成符合"大石块"这个标准的业务，就是我们优先要考虑的真正重要的事情。在解决这些优先事项之余，我们再按其他事情的轻重缓急，渐次解决每一层次的任务（鹅卵石、沙子以及水）。

领导团队每 90 天召集一次会议，共同回顾上季度的项目进展情况，进一步厘清公司愿景，并为下个季度设定新目标，这就会形成一个所谓的"90 天世界"。你要让所有人都知晓公司的目标，并据此制定自己的相应目标。你要通过"大石块"这个标准，帮助组织先确定必须优先实现的可衡量的重要目标，然后再依照轻重缓急的顺序安排其他事情。

如果一家运行 EOS® 的公司打算强化其流程，那么这项大规模行动通常体现为"年度规划"中 3 到 7 个总体目标中的一个。

在这里，之所以坚持设定 3 到 7 个总体目标的做法，是因为我们的基本原则就是越少越好。如果所有事情都是重要事情，那么这只能说明所有事情都不重要。

按照 SMART（specific, measurable, attainable, realistic, timely）具体、可衡量、可实现、现实性和及时性的标准，这个目标可以这样设定："形成用文字记录且合理简化的核心流程及 FBA（followed by all，所有人都要遵循）。"

在设定年度优先事项后，你要每隔 90 天提醒各级领导者优先考虑"大石块"（重大事项），以助团队切实兑现公司的年度目标。他们首先要选择"公司重大事项"（即公司最重要的 3 到 7 个优先事项），而后选择"个人重大事项"（针对每个领导者而言最重要的 3 到 7 个优先事项，其中包括由相关领导者负责的"公司重大事项"）。

因此，在每个季度，记录、简化并获得领导批准的核心流程，或是完成"FBA 核对清单"中的一个或多个步骤，既可以是"公司重大事项"，也可能是"个人重大事项"。如上所述，当使用这种方法和工具时，我们的客户通常会在 9 到 12 个月内完成项目。不管你的企业是否采用 EOS®，坚持这些原则，都可以帮助你更好地实现重大可衡量的目标，顺利完成优先事项。此外，这种做法还有助于通过原则与责任强化流程。

不管是被称作"大石块"或是其他什么名称的项目，你要是为每个这样的大项目的每个部分设定了明确的负责人、具体目标以及合理的时间表，并为保证项目正常进行以及按时完成高质量工作负责了，结果肯定不会让你失望。

一旦计划制订完毕，你即可开始行动。如果觉得执行计划难度太大，让人望而生畏，那你就从最简单的步骤开始——耐心观察。尽管这看起来或许是在放纵甚至是在浪费生命，实则不然，要客观有效地记录与简化核心流程（见图4.2），最优的方式就是从头到尾用心去理解它。这并不难，只需观察，你就能做到。

图4.2 观察流程就像观察产品生产的流水线，
要清楚每一步能得到怎样的效果

你可能见过或听说过经验丰富的流程专家只要走进工厂、仓库或是办公室，他们几乎马上就会让所有问题迎刃而解。如果眼前是一堆杂乱无章的材料，或是大家站在一起无所事事，这就是存在瓶颈、拖沓或是低效流程的信号。但我们不要求你马上就解决这些问题。千万不要设想你可以改变一切事物。你需要做的，就是用心观察，静观其变。

如果你面对第一次看到的事物，就试图去修复或是所谓优化，那么你注定无法看到事物的全貌，而且永远无法完成你自认为手到擒来的事情。因此，对于眼下的事情会如何展开或者未来应如何改进，我们首先要放下任何先入为主的观念。我们唯一需要做的事情，就是冷静观察，保持好奇，关注我们的所见所闻。

你首先需要关注的，就是这件事是否已存在统一的实施方式。 如果销售部门的 8 个人以 8 种不同方式完成同一项任务，只能说明这项任务还不存在统一流程。这种有价值的观察足以改变任务的性质。重新建立新模型的投入远远超过修复缺损的流程或是改进低效流程。如果流程已经存在，不妨花点时间认真地研究和理解这个流程，然后再和你看到员工执行这个流程的情况进行比较。

你在观察和研究的同时，可以不断提出问题：哪种方式看上去是有效的呢？哪种方式无效呢？这种差异是持续存在，还只是偶

○●

要获得知识，就必须勤于学习；但是要得到智慧，就必须安于观察。
——玛丽莲·沃斯·萨凡特（Marilyn vos Savant），美国女剧作家，曾被吉尼斯评为全球智商最高的人

尔出现呢？提出这些问题的方式很重要。你需要的是好奇，而不是评判。"我的天呐，你为什么这样做呢？"这是一种责难和攻击，并不是提问和探讨。总体而言，只问"为什么"这样的问题往往会促使人们维护现状，而不管他们是否接受现状。

你始终要记住，这是一项科学研究。你可以随心所欲地做笔记、绘制图形、拍摄照片或是录制视频，观察行为的实施方式，并提出问题，直到精确了解了实施者是谁，他们正在做什么，哪些有效、哪些无效。

有了认真的观察和冷静的思考，你就会对哪些步骤和方法最有可能带来最优结果获得清晰的认识。当然，你还可以得到一份问题清单——在什么情况下，人们会无所事事、手忙脚乱、互相发难或是犯错误，这同样是流程中需要格外关注的重点。

在充分理解目前工作的实施方式之后，你即可以此为基础，对你已经掌握的认识和知识进行评估。你要敢于以批判的眼光审查你所看到的事情，而且愿意对"一贯的行为方式"提出挑战。

如果你不确定应如何或是从哪里起步，不妨看看《大创业家》（*The Founder*）。这部讲述麦当劳发迹的电影就是一个绝佳示例，它告诉我们应观察、评价并最终改进一个流程，直到你拥有一台始终能创造出你希望得到的产品且运转良好的机器。

影片中有一个非常精彩的片段。迈克·麦克唐纳德（Mac McDonald）与迪克·麦克唐纳德（Dick McDonald）回顾了他们开发客户服务业务流程的全过程。镜头前的兄弟两人站在网球场上，手里拿着剪贴板、秒表和大量的图表，他们正在观察、评估和实验。正是这一套独特的流程让麦当劳成为全球最大的快餐连锁店。

对于那些没有餐厅或是网球场的人，我们可以换一种方式分析。在这种情况下，我们只需收集笔记，并向自己与主要团队成员提出如下问题。

1. 这个流程的具体目标是什么？

我们营销的目的，是通过愿意向我们购买商品或服务的每一个人赚取收入，还是与即将伴随我们多年的商业伙伴建立稳固的合作关系？你的答案必须非常清楚明了，并与领导团队中的每个人所分享。

2. 这个流程的第 1 个步骤以及最后 1 个步骤是什么？

你必须明确表述自己的观点，而且还要确保得到全体领导团队成员的同意。你可能会以为答案显而易见。实际上，销售和客户的终点何在始终是企业领导者们争论不休的话题之一。

3. 我们目前是否能实现预期结果？

如果是，你就记录自己的最佳实践，并寻找一些小技巧，对始终具有良好效果的方法进行简化或提炼。如果答案是否定的，那么你只能继续深入挖掘，以寻找在重复实行情况下最有可能产生优异成果的基本步骤。

4. 成功的关键是什么？

如果你赢得了一家新的目标客户或是按时保质完成了发货，那么请认真思考一下，你是怎么做到的？我们的一位客户注意到，如果在准备投标之前与客户进行当面交流，那么他们参与投标后的中标率为34%。相反，如果没有这种当面交流，成功率就只有19%。这个发现促使他们把投标前拜访顾客作为销售流程的一个重要步骤，这也是销售团队记分卡上的一个重要业绩衡量指标。

5. 哪些环节导致问题出现？

你在哪个环节发现延迟、瓶颈、错误、遗漏或返工等问题？你可以将环节作为入手点，精简、自动化甚至取消导致问题的步骤，从而达到简化流程的目的。在我们的客户中，有一家从事塑料零件的设计和制造的企业，他们注意到制造流程中有一个步骤，需要4个人抬起一大块塑料，然后放在成型机上。通过对这个步

○●

如果你不能简单地作出解释，只能说明你的理解还不够透彻。

——阿尔伯特·爱因斯坦（Albert Einstein）

骤的观察和评价，他们购置了一个全自动化机器人，完全取代人工的参与。仅仅不到 15 个月的时间，人工成本的减少和废品率的下降，就完全弥补了购置这台机器的成本。

根据观察和评价所得到的认识，我们即可正式开始记录与简化流程的任务。这个过程中一定要保持全面性和指导性。你必须把注意力集中于几个主要步骤，或者说，那些能带来 80% 结果的 20% 的步骤。所谓的关键步骤，就是你每次要取得好结果都必须做对的 5 到 25 件事情中的一个。有吸引力的薪酬制度及福利方案相互支持，可能是人事流程中的一个重要步骤。但确定员工手册应使用哪种字体显然不应成为主要步骤。

对于每个主要步骤，用一系列子步骤（有些人称之为程序或标准操作程序 SOP）简要说明"谁"、"什么"、"何时"、"何地"和"如何"。如采用核对清单格式，可在每个主要步骤后附 2 到 5 个分项目（参考第 101 页的流程）。这些分项目的用处在于澄清主要步骤的含义，但是在层次上远高于事无巨细但很少使用的 SOP 手册。

我们最终的目标，就是对流程中的主要步骤作出简洁直白的解释，从而帮助新员工始终把握好胜任本职工作的基本要领。试想，如果你递给新员工一页流程要领清单，而不是一本厚厚的活页夹，他们会有何感想呢？你对实现预期工作成果的流程不能作出清晰

人力资源（HR）流程

1. 搜索

- 定义职位 / 任务描述 / 工资（确立"个人职务与责任表"）
- 确定搜索候选人的平台
- 开始搜索候选人
- 向同行或同事发送电子邮件

2. 面试

- 筛选简历
- 初步面试 / 基本状况分析
- 复试
- 核对推荐资料
- 由首席执行官进行面试

3. 聘用

- 8 小时在职试用
- 聘用决策
- 90 天试用期

4. 入职培训

- HR 培训员工手册
- 评议福利待遇 / 形式
- 岗位培训
- CEO 对新员工的培训
  （公司历史 / 核心思想）

5. 季度面谈

- 哪些有效？哪些无效？
- 评议工作效能和任务安排中的问题
- 评议上级及管理者的指导效能
- 委派并提升机会
- 如有必要，对"个人职务与责任表"
  进行更新

6. 年度评议

- 经理评估个人是否清楚该职位职责、投入并有能力胜任该职位
- 记录评审结果并由参与各方签字
- 向人力资源部提交评审文件

7. 离职

- 3 次旷工制度
- 在发生第 3 次旷工时辞退
- 联系法律顾问
- 与员工谈话，由 HR 亲自到场
- 离职面谈
- 记录辞退过程，并由各方签字

简练的描述，要么会导致你的流程过于复杂，要么需要你更好地理解和解释这个流程。不妨参考以下这个示例。

《清单革命》一书让我们看到，一份简洁明了的清单会对复杂的流程带来巨大影响。它列举的示例包括医院、航空公司和建筑公司等高风险行业。

即便是对医生、护士和航空公司飞行员等拥有数千小时培训及实务经验的专业人士来说，采用只包含最基本简单步骤的核对清单，将会大大减少重大错误，有时甚至可以规避致命错误。

风险越高越需要高度统一的流程

约翰·霍普金斯医院（Johns Hopkins Hospital）制定了一个 5 步骤核对清单，旨在降低重症监护病房病人在使用中心静脉导管时的感染率。

① 洗手。

② 为患者的皮肤清洗消毒。

③ 给病人穿上防护服，盖上无菌帘。

④ 避免在感染率较高的腹股沟位置埋设导管。

⑤ 尽快取出导管，即便随后可能需要再次使用，也必须重新埋设。

在实施核对清单项目之前，密歇根州的导管感染率中位数约为导管工作时间的 3‰，高于美国平均水平。在执行该清单的 18 个月后，大多数密歇根州重症监护室均未报告任何感染病例。

这项研究的发起人、约翰·霍普金斯医院麻醉学及重症医学教授彼得·普罗诺弗斯特（Peter Pronovost）说："在执行这项规定之前，我们始终认为，这种感染在很大程度上是不可避免的，这也是任何住院接受治疗患者必须承受的代价。但是现在，我们知道，这项感染基本上是可预防的，而且我们已经重新制定了执行规范。"

同样，世界卫生组织（WHO）也在全球 8 个不同城市推出手术安全核对清单（见图 4.3）。

图 4.3　手术安全核对清单包括麻醉前核对清单、切皮前核对清单和患者出手术室前核对清单

值得注意的是，这项核对清单只考虑最基本的可重复步骤，而不涉及任何手术实施期间需采用独立判断的环节。

在实施这个新流程之后，全部 8 家医院的主要并发症发生率降低 36%。对此，葛文德指出："死亡人数下降了 47%……感染人数减少近一半。在近 4 000 名患者群体中，435 人预计会出现严重并发症。但通过使用这个核对清单，让 150 多位患者避免了严重感染，更是挽救了 27 条人命。"

在航空领域，20 世纪 30 年代开始启用飞行操作核对清单。从此之后，这份清单对减少飞行故障及飞行员操作失误产生了深远影响。

根据美国国家运输安全委员会（National Transportation Safety Board，NTSB）提供的数据，未使用核对清单是造成飞机失事的主要因素之一。此外，基于最佳实践的要求，这份清单应覆盖确保飞行安全的最小项目，且描述语言必须清晰简练（见图 4.4）。

那么，这种设计方法是基于什么理念呢？流程对用户越友好，用户就越喜欢而且会越经常地使用流程。

图 4.4　飞行操作核对清单包括飞行前核对、起飞后核对、下降前核对、
着陆前核对、空中停车核对和安全核对

即使错误不会给你的业务带来致命伤害，但核对清单之类实用的工具，依旧会影响到你为团队成员及客户提供服务的方式。因此，必须抵御"越复杂越高级"这样的诱惑。

你要让领导团队根据实际情况对基本要领进行适当调整，帮助员工掌握这些基本要领，直到他们以正确方式执行重要任务成为常规，甚至要让他们形成自发性行为。在此基础上，你再继续拓展和完善清单。你需要做好遭到抵制的准备，并坚持到底。

做好遭到抵制的准备。当你对其他领导者及个人的日常工作进行记录和简化时，遭到反对或许不可避免。有些人可能是关注细节的完美主义者，他们根本就不会理解，高层次的简单流程会带来怎样的变化。

复杂和精致恰恰是他们引以为荣的事情。因为他们花费数年时间才"掌握这些技艺",因此,把他们掌握的所有技能归结为几个重复性的简单步骤,他们显然是难以接受的。

坚持到底。让其他领导者充分阐述更详细的标准操作流程、程序或政策,以表明你给予他们的信任和耐心。你需要让他们认识到,这些高层次核对清单只是为他们提供一种指导性的起点。这种方法已为成千上万的公司和领导者带来成效。你还要向他们保证,如果这些流程不能让所有人持续取得预期结果,你愿意考虑更详细的方法。

对那些会因此自尊心受到伤害的人来说,你需要向他们保证,你高度重视他们的专业能力。你要接受或者至少要容忍他们武断的观点:每一个销售机会、每一个新产品开发项目,甚至是每一份财务报告,都是独一无二的,因而它们是任何清单都无法覆盖的。你要让他们知道,你只是试图记录我们每次都应该努力遵循的主要步骤。

你还要向他们解释一下,如果有正当理由无法或是不应该遵循这个流程时,你依旧要仰仗他们的天赋、长期的经验和宝贵的技能来填补这个空白,或是据此进行调整。

步骤 2 中会遇到的问题与策略

1. 使用名为"心想事成"的 EOS® 工具

我们已经看到，领导者和团队可以使用各种方法记录他们的核心流程——可以是在信笺簿上随意的勾勒，也可以是由全体团队成员参加的正式业务流程管理（BPM）会议，甚至可以大量使用便利贴，粘贴在悬挂工作成果的空白墙壁上。

但不管采用什么方法，你的团队只要认为适合自己，就可以选择这种方式，唯一的原则就是越简单越好。如果想进一步了解"业务流程模型和符号"（BPMN）这个概念，大家可登录对象管理集团（Object Management Group）的官方网站。

当领导者或团队在步骤 2 中遇到障碍时，我们建议采用"心想事成"工具——这是一种更复杂的业务流程管理（BPM）的简化版。本书随后将对此进行详细介绍。

深入分析这种工具以及相关示例，我们会发现，它会引导我们在流程结束时提出问题——"你到底想得到什么？"。你要尽可能提出更多的想法，然后不断缩小重要事务的范围，让任务的核心内容逐渐浮出水面，直到可以清晰、简单、具体描述出任务的预期结果。

你要确保这个最终结果得到所有人的接受。在此之前，这个试图记录和简化核心流程的过程就像是"放猫"（指试图去控制或管理无法控制的事情，比如处于混乱状态的个体，或者说，不可能完成的任务）。

表 4.1 是一个销售流程示例。该流程的预期结果是赢得一家新客户。根据这个示例，我们需要采取倒叙的方式，由结果开始，逐步确定之前的步骤，从而记录为实现预期结果而需要所有人接受的步骤。为此，我们完全可以采用不同于工具本身的事务作为示例。比如，我们可以以制作烤吐司为例。

最后一个步骤——把两片涂黄油的面包片合到一起。

之前的步骤——在加热后的面包片上涂抹黄油。

再之前的步骤——从烤面包机里取出加热的面包片。

再之前的步骤——从烤面包机中弹出面包片。

再之前的步骤——按下烤面包机的手柄。

再之前的步骤——将两片新鲜面包放入烤面包机。

衷心感谢加拿大安大略皇家博物馆数位媒体中心创意总监汤姆·伍耶克（Tom Wujec）给予我们的灵感。通过这个练习，你可

表 4.1　简化的业务流程管理——EOS® "心想事成" 工具

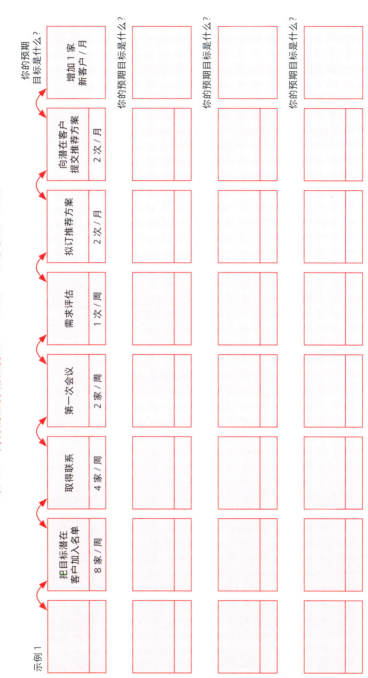

把目标潜在客户加入名单	取得联系	第一次会议	需求评估	拟订推荐方案	向潜在客户提交推荐方案	增加 1 家新客户/月
8 家/周	4 家/周	2 家/周	1 次/周	2 次/月	2 次/月	

你的预期目标是什么？

示例 1

你的预期目标是什么？

你的预期目标是什么？

你的预期目标是什么？

以帮助团队更好地理解和解决复杂问题。这是一种强调协作、有效且有趣的方式，有助于你的团队设计并最终共同敲定一个始终能带来卓越成果的核心流程。在下面的这个图中（见图4.5），我们与他合作的一个团队演绎了上述流程的主要步骤。

图 4.5　采用倒叙的方式回顾烤吐司的步骤

我们再探讨一个商业示例：如何使用"心想事成"工具记录与简化人事流程中的招聘步骤（见图4.6）。当然，你可以把这个工具用于自己的核心流程，考虑其中的一个或若干主要步骤。

从终点向前倒推，是一种有助于将复杂性降至最低水平的方法。我们的目标不是要确定可能出现在每个步骤或流程中的每一个分步骤，相反，我们只需记录最基础、不可或缺的步骤。当然，有些人可能不接受我们的最初提议，要求我们反复解释某几个

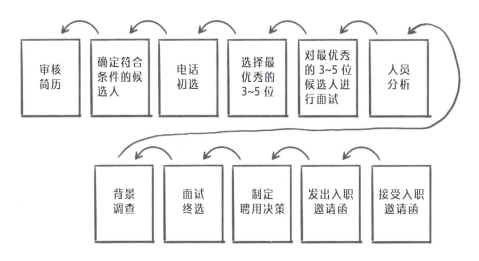

图 4.6 "心想事成"工具被用于简化人事流程中的招聘步骤

步骤，或是即兴发挥去设计新的步骤。

但是，如果试图在每个流程或主要步骤中都考虑到这些一次性事件、特殊情况或是各种假想条件，那么我们必将陷入难以自拔的复杂性当中，以至于永远都无法找到正确的指导性流程。

在执行"FBA 核对清单"中的"衡量"项目时，"心想事成"工具同样可以派上用场（见第 5 章）。具体而言，它可以帮助我们确定一个最基本的先导性指标——通过基于活动的数据预测未来结果。这样，我们更容易确定须对哪些步骤进行衡量，以及每次衡量的目标是什么。以表 4.1 为例，如果一名销售员给自己设定的目标是每月建立一家新客户，那么他会给自己制订这样的计划：

一个希望每月完成一笔新交易的销售人员可能会要求自己每周确定 8 个潜在客户，联系 4 个，会见 2 个，每周进行 1 次需求评估，每 2 周发送 1 份建议书。

这些先导性指标可以帮助销售员及其经理及时对客户需要作出反应，确保业务始终保持正轨。在这些数字中，如果任何一个背离预期，他都可以在 1 周之内作出反应，而不是等到月底才意识到。这就是流程的意义所在。它推动责任人对实现基于活动的先导性数据指标承担责任，并利用"心想事成"工具决定需要衡量的对象是什么，以及需要在哪个环节设定目标。

2. 领导团队进行审核及批准

无论选择什么方法、工具或格式，你都需要起草一份简化核心流程的文字稿，提交给上级领导团队进行讨论，与他们进行沟通交流，全面审查并最终批准这份草案。如下 3 个方面的原因使得这一步至关重要。

确保流程正确无误。这个领导团队毕竟是企业中经验最丰富、知识最渊博的顶流群体。在你逐步完成一个流程的过程中，如果让

○●

真正的改变，持久的改变，是一步一个脚印发生的。
——鲁思·巴德·金斯伯格（Ruth Bader Ginsburg），1933—2020，美国法学家，
美国联邦最高法院历史上第二位女性大法官

他们有机会提出问题、发现漏洞并提供改进建议，最终的结果肯定会更有信服力。《知道做到》（*Know Can Do!*）一书的作者肯·布兰佳（Ken Blanchard）提醒我们："在我们当中，最聪明的不是某一个人，而是我们这个集体。"

开诚布公地讨论所有话题。要推动变革并推进责任机制，你就需要依靠其他领导者的支持。只有让他们了解这个流程，并认为这是合理的行为方式，他们才愿意和你一同推动落实，并承担责任。他们完全有可能相信你可以承担起领导和管理这项活动的责任，而且有能力解决由此带来的问题。这种协调与合作会减少事后的猜测，减少冗余浪费，打造更统一、更健康的领导团队。

节约时间。当出现错误时，很多领导团队不惜浪费宝贵的时间去争论为什么会出错。比如说，当一家公司在招聘优秀人才方面遇到困难时，他们可能会花上几天、几周甚至几年的时间，讨论是否应该把问题归咎于劳动力市场紧张，招聘信息的撰写方式、发布地点、招聘人应来自内部还是外部，应该选择谁做招聘经理。总之，他们可以讨论的对象及话题无穷无尽。

这些争论几乎都可以归结为一个话题：到底是人出了问题，还是流程出了问题？如果团队确信，一个流程已被记录、简化并得到所有人的遵守，那么这种无休无止的争论根本就不可能出现。

假如你审核并批准了某个流程，对员工也进行了培训，而且开始对活动和结果实施衡量和管理，那么这些事实必定会给你带来信心。因此，在出现差错时，你只需查看数据，看看流程中的哪个环节遭到了破坏、原因何在，并着手进行修复。这样，你就可以从组织的长期总体利益出发，从根本上一劳永逸地解决问题。

因此，在你最终确定并推出一个核心流程之前，一定要让你的同事彻底审查并批准这个流程。你可以创建一份 1 到 5 页的文档，但绝不能让你的团队去审查和批准一份厚达 75 页的流程手册。根据我们的经验，如下审批程序能得到大多数团队的认可。

① 在按计划审查、修订（如有必要）及批准流程的会议召开一周之前，与所有团队成员分享形成文字记录的简化流程。

② 让所有人准备好评语或问题。

③ 会议上每次只讨论 1 个流程，以便对每个分步骤或要点进行深入讨论。

④ 边讨论，边答疑，边解决问题。

⑤ 会议结束时形成一份标注过的流程文档，并附上形成最终副本的截止日期。

在所有核心流程获得领导团队的审查和批准之后，你即可开始"三步骤流程记录工具"的步骤3：打包与整理。

步骤3：打包与整理

在完成记录、简化并批准核心流程之后，下一个步骤就是将这个流程推广到整个组织。大多数团队在全套流程手册完工后才开始这项工作。有些团队则采用便于制作和推广的方式，每次只推出单个或是几个核心流程。但是在将它们展示给相关步骤的日常承担者之前，大家一定要关注流程的实用性。

具体而言，如何对最终流程进行打包，才能让员工轻松查找和使用，并最终将它们融入日常工作当中呢？

首先你要考虑你的员工每天在从事什么类型的工作，哪些格式或媒介的流程最适合这种类型的工作。此外，你还要考虑员工会在何时、何地以及以何种方式使用这些工具——使用的环境是在办公室，还是户外？是每天盯着屏幕，还是需要在户外多变环境下手工操作？最适合员工使用的格式是纸质文档，还是存储在智能手机或平板电脑中的清单，抑或是可反复观看的视频呢？但归根到底，工具和平台的选择应尽可能简单、实用且适合每天使用这些核心流程的人。

我们通常会把流程打包为简单、带标号的分项文档，并打印成册，或是存储为结构清晰的在线目录。此外，我们还见过序列图（见图 4.7）、流程图（见图 4.8）以及附注释的屏幕截图（见图 4.9）等形式。但每个示例的构建都需要满足一个前提：确保与流程相关的所有员工都能轻松理解并使用这些工具。

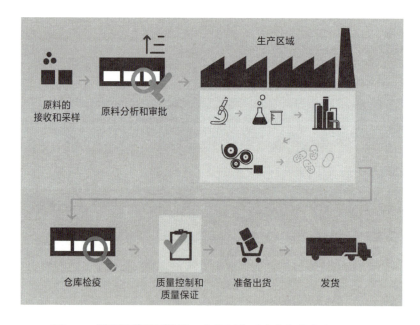

图 4.7　制药厂从原料接收、生产制作到审查发货全流程序列图

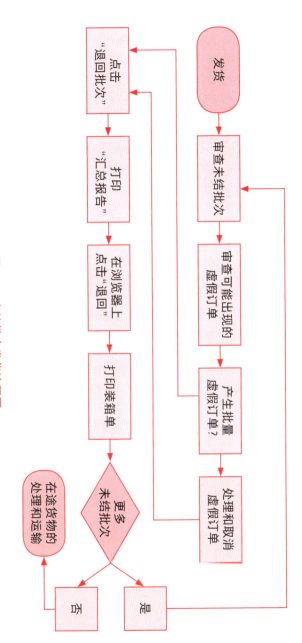

图 4.8 未结批次发货流程图

图 4.9　附注释的 7 步洗手法屏幕截图

很多组织将目标转向视频内容，并将最终版流程存储在 YouTube（油管）等公众平台，或是直接上传到专为流程而构建的视频库平台。这些线上工具充分利用最前沿的学习技术——如增强现实和游戏化等，以沉浸式手段帮助员工掌握核心流程。

随着技术的进步，更多更先进的流程载体层出不穷。福特汽车公司（Ford Motor Company）和博世集团（Bosch Group）最新的合作，借助虚拟现实（virtual reality，VR）头盔为全电动福特野马"Mach-E"车型的技术人员提供培训，这是该公司生产的第一款全电动 SUV（sport utility vehicle，运动型多用途汽车）。

通过这项技术，福特全球经销商技术人员在不接触到实体车型情况下，接受更换电池以及对整车和零件维修等培训。这一切都是他们之前从未见过的东西。但当这款 Mach-E 纯电 SUV 进入他们的门店时，他们似乎已驾轻就熟。这种独特的培训方法既节省了时间和资金，也提高了服务质量和客户满意度。当然，它还以这种乐在其中的方式提升了福特全球技术服务人员的能力。

在选择了合理的形式、平台或介质之后，我们还要让这些工具易于查找和使用，让它们的使用者信手拈来。那么，我们应如何选址，让它尽可能靠近工作的发生地点呢？应如何归集和组织每个流程，让使用者迅速找到他们希望使用的内容呢？

日本收纳达人近藤麻理惠（Marie Kondo）通过一项调查发现，员工仅用于寻找信息的时间就占到每周工作时长的 20%，几乎相当于白白耗掉一个完整的工作日。

所有人都需遵循的流程要展示在最显眼的位置

我曾接触过一家快速成长型物业管理公司，他们刚刚召集的一场会议恰恰就印证了这个事实。他们为季度设定的一个考核标准（相当于"大石块"），就是"对核心流程予以记录、简化并经领导团队批准"。

在回顾上季度考核标准完成情况时，团队中的运营负责人及流程倡导者马上便不无自豪地宣布："全部完成了！"但一半团队成员似乎还感到迷惑不解。

"这怎么可能呢？"创始人问道。

"我向每个人发送了一封电子邮件，并附上了我们的内部网站链接。"运营负责人说。

在对网站进行了 10 分钟的彻底搜索之后，整个团队终于找到一套配有清晰文字说明和精美插图的核心流程。这位运营负责人才松了一口气，他下个季度的"大石块"就是把核心流程相关的文件，放到让团队成员能以最快速度查找到的地方。

如果最后形成的结果是一套打印的核心流程，那么你需要为每个流程注明最后一次更新的日期，并将最终版本进行批量制作。你要将核心流程文件分发到各个部门及工位，而且尽可能地靠近工作现场。

如果核心流程的使用地点为生产车间或配送中心，你可以把它做成一张巨大的海报，悬挂在天花板上或是张贴在墙壁上。归根到底，你得要确保任务执行者能清晰地看到这些流程。如果对流程的观看通过台式机、笔记本电脑、平板电脑或智能手机就能完成，那么你应尽可能地让视频易于搜索，视频呈现的视觉效果更清晰直接。

根据我们的经验，很多公司使用现有文件管理系统等基本平台取得了良好效果，包括内部网站、Sharepoint、One Drive 或谷歌 Docs 等。此外，我们还看到，高效团队已开始启用更专业的工具，如 Asana、Trello、Whale、Trainual、Notion 或 Playbook Builder。但无论选择什么形式或平台，有一点是一成不变的，成功的关键并不是你现在拥有什么工具，而是你如何利用这些工具。如果员工在需要的时候找不到它们，自然也就不会去使用（见图 4.10）。

图 4.10　花费在找流程文件上的时间比真正实行流程的时间还长

同样重要的，是流程必须易于查看、阅读和使用。如你要采用文档形式，就应尽量采用简洁清晰的单词或短语，而不是复杂的长句。如你要采用核对清单和工作流程图形式，就应配以鲜艳的颜色，并使用通用符号和大号字体。员工只需扫一眼，即可看到流程图的基本要领。在生产车间或配送中心，你可采用调整照明、彩色编码和图像等形式，确保员工在执行任务的工位上即可随时看到你的流程。

"可视化工厂"是精益生产理论中的一个概念，其含义就是让有价值的信息出现在整个工作场所。通过这个简单有效的沟通工具系统，大家可以实现随时随地的信息共享。它依赖于颜色搭配、照明系统、工作流程图、有清晰标记的工作站和垃圾箱以及实时显示的数据或状态更新。通过这套系统，你可以让团队成员随时了解任务进展情况，畅通无阻地完成整个流程。

在下面这个诙谐愉快的漫画中（见图4.11），我们可以看到，人物按挂在墙壁上的流程图操作，将入口传入的原料经A和B工序，最后将完工的玩具由"发货口"送出。

实际上，即便没有经营工厂或是配送中心，甚至还没有形成一个精益型组织，我们依旧可以得益于这些方法。一家非常成功的承包商就曾使用配有清晰标记和颜色编码的箱子，引导销售和交付流程顺利推进。他们把这些箱子安装到墙壁上，这样，所有

图 4.11　按照"可视化工厂"系统顺利组装出一个个戴礼帽的雪人

团队成员随时都能看到这些箱子，并按照箱子上的标识进行操作。

通过这种方法，接听潜在客户电话咨询的人员，可准确掌握了解和描述交易机会所需要的基本信息。在挂断电话后，接话员便可把带有明确标识的交易机会卡投入第一个箱子。评估员对机会卡进行检索，安排时间并完成审查，最终形成预估结论。在预估结论获得批准后，机会卡传送到计划进度箱，依次类推，一直延续到项目完成。所有团队成员都理解这个工作流程，而且每天都在看着这些箱子被装填和清空，目睹这套运转顺畅的流程。

在整个流程中，所有人在各自位置上各司其职，通过完成自己负责的步骤，为清空流程箱、完成业务作出各自的贡献。因此，公司的运转速度、业务转化率和客户满意度均得到了大幅提高。

但不管选择何种形式或平台，我们最根本的目标，就是让最终流程成为一套简单、完整的蓝图，引导日常业务有条不紊地顺畅运行。这也是流程手册的终极目标，尽管它在实务中未必要形成真实可见的手册。如前所述，这就是迈克尔·格伯在《创业一次就成功》一书中提出的"特许经营原型"。

这个流程的最后一步，就是为这个蓝图或运营模型命名。这个名字既要精确，还要让人过目不忘，甚至富于吸引力。

我们的很多客户把他们的核心流程称为"（公司名称）行为准则"或"（公司名称）行动手册"。不管怎样，你可以尽情发挥自己的创意。一位客户将流程手册命名为"XYZ公司的成功秘籍"，而另一位客户则把他们的流程手册称为"生命的时钟"，还有一位客户则充分发挥了自己的想象力，他们的流程手册被命名为"ABC公司的基因"。

　　到此为止，我们已顺利完成"三步骤流程记录工具"。利用这套工具，我们得以对自己的核心流程予以记录和简化，取得全体领导团队的认可，并以合理方式对流程进行了整理打包，为员工提供了一套便于查找和使用的指南。在此基础上，我们再来探讨落实核心流程的"EOS®工具"，这套旨在推动流程实现"全员遵守"（followed by all）的工具简称为"FBA"。

PROCESS ▶▶▶

第 5 章

FBA 核对清单，确保所有人都遵循

"流程再造"意味着对企业文化的彻底改造，使得每个人
都能做好最重要的事，最终实现组织的自更新与进化。

尽管你和团队刚刚完成一项非常重
要的工作，但征程还远未结束。你要让所
有人接受并遵循这些核心流程，下一个步
骤既充满挑战，又至关重要。在这个阶段，

已经形成的流程往往会遭到践踏，或将在一夜之间便宣告过时。

美国外科专用器械公司总裁埃里克·皮亚西奥已经关注到这
种矛盾。对此，他认为，"我们的业务属于高度监管的行业，因此，
我们有很多已形成文字的既定流程。但使用 EOS® 提供的 'FBA

○●

即使你已经走在正确的轨道上，但如果止步不前，也会被他人赶超。
——威尔·罗杰斯（Will Rogers），1879—1935，美国幽默作家

核对清单'，仍有助于我们确保全体员工遵守这些流程，并彻底改造我们的整个企业文化"。

要始终实现预期结果，你就必须永久改变员工在企业经营中采取的执行方式。实现这个目标的唯一要求，就是完成本章介绍的"FBA 核对清单"，并定期核对这份清单。

> 首先，为承担流程中某个或多个步骤的每一位员工提供培训。
>
> 其次，通过绩效衡量，确保所有员工做法正确，并始终如一地坚持这些正确做法，从而一贯性地实现预期结果。
>
> 再次，以名副其实的责任制方式实施流程管理。
>
> 最后，定期更新每个流程，以确保所有流程符合实际情况并不断改进。

下面，我们将对这些步骤逐一进行讨论。

步骤 1：培训（Train）

为承担流程中某个或多个步骤的每一位员工提供培训。我们在这里所说的"每一位员工"包括组织中的所有人——从刚刚入职的团队成员，到经验最丰富的老员工。每个人都应该有机会参与到这个流程中，阐明问题，甚至提出反驳性意见或揭示漏洞。如果你的团队既能顾全大局，又能真正理解  流程中的每个步骤，那么他们自然更有能力也更愿意与你共同前进，而不是固执己见，墨守成规。

　　培训方法多种多样，而且可以不断变化。你需要认真分析你的员工，选择与被培训者具体需求相匹配的方法。在确定培训方法时，你还应该考虑如何为你投入的时间和金钱带来最佳回报。如果你和团队制定了定期"诊断会议"制度，那么你完全可在不召集会议的情况下完成初级培训。

"诊断会议"："90 天世界"季度会与"10 级会议"周例会

　　在采用 EOS® 的公司中，领导团队通过包含两部分的"诊断会议"获得掌控力，这是一种以纪律和责任实现公司愿景的能力。

　　第一部分是我们在三步骤流程记录工具的步骤 2 中提

到的"90天世界"——领导团队每90天召集一次会议，共同回顾上季度的项目进展情况，进一步厘清公司愿景，并为下个季度设定新目标。

第二部分是每周一次的"10级会议"，旨在确保组织在本季度内继续"增持"——实现既定数字指标、完成优先事务、满足客户与员工需求并解决问题。

领导团队为这个两部分"诊断会议"定下基调之后，即可让其在组织内部自上而下不断延伸，每次会议对应一个级别，直至将其推广到整个组织。最终，团队每位成员都被纳入这个"90天世界"中，并参与本级别的"10级会议"。

尽管部门级别的"10级会议"也要遵循相同议程，但往往更简短，而且更倾向于策略性。每周拿出这段时间用于讨论组织内部的最重要的优先事务（如核心流程培训），有利于让员工认同和拥护你的愿景。在此基础上，你要让员工明确各自的优先任务，在自己的岗位上确保业务正常运行、保持卓越业绩并承担责任。

你可能需要安排一次或多次正规培训。比如说，你可以采取"情景模拟"或角色扮演等方式，对每一位销售员进行一对一的培训，也可以收集相关最佳实践（或是失误操作）的视频。如今，越来越多的公司已开始采用功能更强大的在线学习管理系统，对培训进度进行实时跟踪。

新员工入职 2 周后，完全掌握所有工作要领

Local Profile 是一家由夫妻两人共同经营的出版公司，这家公司也采用了 EOS®。他们曾讲述了一个非常有趣而且耐人寻味的故事，这个故事诠释了他们使用记录培训流程带来的好处。从一开始，丈夫菲利普·西尔维斯特里（Phillip Silvestri）就热衷于对业务中实施的流程做记录。妻子莱贝卡·西尔维斯特里（Rebecca Silvestri）则担任公司的销售及市场营销副总裁。

经过反复的博弈、折中与妥协，莱贝卡最终同意为自己负责的销售及营销团队编写一套业务流程。作为妥协的结果，她采用 20/80 方法记录和简化流程。这其实已背离她的初衷，因为作为一名喜欢事无巨细的商业伙伴，复杂性似乎是莱贝卡永无止境的追求。

在对自己的团队进行持续培训之后，莱贝卡给她的 EOS® 专家发出一封电子邮件，在谈及新流程带来的影响时，

她对这种新工具大加赞扬："我们最近刚刚迎来一名新的销售团队成员，由于我们已对销售流程中的全部主要步骤进行记录和简化，在接受 3 到 4 次培训之后，她在入职 2 周之后便可以完全胜任本职工作。因为我们创建了一套界定清晰、内容明确的教学流程，因此，每次培训课程都会很自然，进展顺利，并能按照规定进度及时完成。由于可以随时参照这些已记录成文的流程，因此，从开展培训以来，我们几乎没有为此投入任何额外资源。"

但不管选择什么方法，你都要保证所有人均经过流程训练。在对培训结果进行总结时，你既要考察员工是否清晰理解流程中的每个步骤，还要了解他们是否掌握流程针对实施主体、执行内容以及时间和地点作出的描述。

归根到底，你需要得到他们对流程的认同以及对遵守流程的承诺，并为员工提供后续的培训、协助和支持。你需要员工的承诺，但他们也需要你的持续性支持和必要的引导，因为我们都知道一句老话："江山易改，本性难移。"

对此，《培训行业杂志》(*Training Industry Magazine*) 解释说，由于人普遍存在一种所谓的"遗忘曲线"，因此，仅靠培训

人们并不会改变行为。该理论由德国心理学家赫尔曼·埃宾豪斯
（Hermann Ebbinghaus）在 19 世纪末提出。他通过研究发现，新
信息仅能在人类大脑中停留短暂时间，难以长期保留。后期研究
也表明，多达 90% 的新信息在人类大脑中停留的时间不超过 30
天，而且 70% 的信息是在 24 小时之内便会丢失。

　　强化训练、提高记忆留存率和切实改变行为有两种有效方法，
就是采用"FBA 核对清单"中的随后两个步骤——衡量和管理。

步骤 2：衡量（Measure）

　　**你可以用衡量强化培训效果并改变
员工行为。**你要确定每个流程中需要衡
量的步骤，以及适用于每个步骤的衡量
指标——包括合规性、频率或结果等。
换句话说，你需要考察衡量的内容包括
执行过程是否正确、执行的频率是否充分以及执行是否得到了预
期结果。下面，我们逐一探讨这 3 种类型的衡量标准：

　　**衡量合规性：验证流程中某个步骤的执行者是否以正确的方式
实施了该步骤。**比如说，如果该步骤要求执行者在打开数控机床

之前佩戴好护目镜，那么如果存在不符合这个要求的现象，你就需要记录这些不合规现象并提交报告。

衡量频率：检查执行者是否经常性重复这个步骤并求得了预期结果。以销售员为例，为满足公司的要求，他需要每周成交一笔新订单。如果他的订单成交率为 33%，那么，他需要每周提交 3 份提案，才能实现每周成交 1 份新订单的预期结果。

衡量结果：验证你是否取得了预期结果。衡量结果非常重要，如果一个流程不能带来你希望得到的结果，那么遵循这个流程自然也就毫无意义。

需要澄清的是，我们并不是说，对每个核心流程中的每个主要步骤，都需要使用全部 3 种标准进行衡量。有些步骤根本无须衡量，有些步骤则需要进行定期的衡量和监控。此外，你还会发现，有些步骤比其他步骤更易于衡量，某些步骤更值得衡量，因为这些指标具有良好的先导性，有助于我们更好地预测未来结果。

对决定衡量的每个步骤，我们都需要从上述 3 种类型中选择最有效的衡量标准。如果保持正确做法非常重要，那么我们就应该优先考虑衡量其合规性。如果具有足够的持续性最为关键，你就需要衡量频率。不要害怕尝试，随着时间的推移，我们总会找到兼顾合规性、频率和结果的衡量方法。

你可以采用很多方法收集这 3 类数据。**最直接、最明显的方法，当然就是现场观察。**你可以定期巡视工厂，在每次看到机器操作者未佩戴护目镜时，画一个勾作为标记。你可能会觉得，这么做有点浪费时间，尤其在领导团队中高薪成员的时间和精力非常有限的情况下。但这种方法确实有效。

只有下场视察，才能精确衡量

有的时候，改善的唯一来源就是衡量。我们的一家客户从事配送业务，他们的卡车每天要往返几次。公司的运营经理认为，要把卡车的单次往返时间从 67 分钟缩短到 30 分钟是"不可能的"。他的惰性早已让首席执行官难以忍受。于是，决心已定的 CEO 径自拿着秒表和记录夹板来到装货码头。一位卡车司机问他在做什么，CEO 只是冷冷地回答："我想看看卡车一次要跑多长时间。"不出意料，他注意到，这个司机马上加快了脚步。

另一名司机问他，公司希望他们用多长时间完成一次

○●

对你无法衡量的事物，你当然也没有办法去改造它。
——开尔文勋爵（Lord Kelvin），1824—1907，英国物理学家、发明家

运输任务。"30 分钟后。"他同样不动声色地回答。随后，他马上就发现，这个司机的动作开始明显加快。随着这个消息不断发酵，其他司机也加快了操作节奏。他们不仅开始严格要求自己，而且开始求助物料搬运员和其他仓库和堆场人员，催促他们提高效率，帮他们达到目标。

很快，卡车的平均周转时间便减少到 40 分钟。此时，整个团队全部参与到了这项任务当中，为缩短和简化业务流程中每个步骤的耗时出谋划策。4 个月之后，30 分钟完成一次周转的目标便告实现。因这项举措而减少的卡车闲置时间，每年就为公司节约近 10 万美元，客户满意度也得到了大大提高。

此外，你还可以让员工开展自我监督或自我报告。很多全球顶级安全机构均发现，当组织成员与公司目标相互兼容时，他们更愿意从集体利益出发而承认工作失误和遗漏。

一家运行 EOS® 的公司生产经销各类户外帆布产品。他们在每个工作站点附近设置白板，对工作流程执行情况进行记录。这种做法大大降低了店面的差错率。公司鼓励员工自我监督，在出现业务操作失误时，员工即可在白板上作出标记。

这种自我监督显然不是一蹴而就的。刚开始，为促成这种转变，公司领导者毫不吝啬地为敢于开展自我监督的员工提供支持，并作出表彰。在进行现场巡查时，他们甚至会当场对员工的这种行为给予奖励。在看到员工使用白板对自己的失误做标记时，他们当场向这些员工颁发现金或礼品卡。

衡量流程是否成功的另一种方法，就是使用一种已帮助过数千家公司的 EOS® 工具：公司记分卡。

每周公司记分卡

在一家实施 EOS® 的公司中，领导团队在每周"10 级会议"上都会利用 5 分钟时间审查"公司记分卡"。一份优秀的"记分卡"通常会包含 5 到 15 个先导性指标，利用这些指标，团队即可全面把握业务全貌，并据此预测未来结果（见表 5.1）。这样，领导者就可以迅速对偏离正轨的指标做出反应，而不是等到月底甚至季度末才发现问题。

如上所述，先导性指标是一种描述活动特征的数据，只要以正确方式重复这项活动，即可产生预期结果。在理论上，核心流程是指一系列能带来预期结果的行动步骤。因此，在有效的记分卡中，每个流程的所有主要步骤都应

表 5.1　一份为期 13 周、拥有 14

序号	执行人	先导性指标	目标	1	2	3
1	苏利文	潜在客户信息收集 （数量单位：个）	36	11	4	47
2	苏利文	初步销售会谈 （数量单位：次）	12	8	9	4
3	苏利文	销售提案 （数量单位：个）	4	2	1	3
4	苏利文	销售计划 （金额单位：千美元）	300	175	70	275
5	苏利文	30 天内销售追踪 （金额单位：百万美元）	1.5	1.15	1.05	1.10
6	苏利文	签署销售合同 （数量单位：份）	2	2	1	1
7	苏利文	签署销售合同 （金额单位：千美元）	150	161	135	75
8	伊文	推迟项目数量 （数量单位：个）	1			4
9	伊文	超预算项目数量 （数量单位：个）	1			
10	伊文	客户违约次数 （数量单位：次）	0		1	
11	伊文	使用率 （概率单位：百分比）	80%			
12	卡洛尔	现金余额 （金额单位：千美元）	75	55	85	70
13	卡洛尔	>60 天应收款金额 （金额单位：千美元）	< 30 000	42.5	42.5	31.0
14	卡洛尔	开票误差次数 （数量单位：次）	0	0	1	1

个先导性指标的销售流程记分卡

周数									
4	5	6	7	8	9	10	11	12	13
17	29	24	35	41					
14	11	15	16	13					
4	2	4	5	4					
350	150	370	410	325					
1.25	1.15	1.05	1.10	1.25					
2	3	5	3	4					
170	201	41	170	321					
4	4	3	3	4					
			2	2					
1	0	2	1	1					
61	52	91	77	68					
26.1	35.5	40.5	34.0	36.4					
0	0	1	1	0					

成为不可或缺的重要指标。正是通过积分卡与流程的协同作用，我们的很多客户认识到，加强企业流程，同时也会带来数据量化的加强。

一位客户向我们谈到了自己的经历。在强化流程之前，他们对经常参加贸易展销会的价值持怀疑态度。在他们看来，这些活动给公司带来巨大成本，却收效甚微。公司的新销售流程及其围绕主要步骤实施的衡量标准，帮助他们澄清了这个问题。

这些流程可以确保公司在事前为展销会做好准备、事中积极参与，并在事后及时跟踪。他们的"记分卡"对通过展销会创造的业务及销售额设定了合理预期。

通过对几个月数据的跟踪，公司团队得以清楚地看到，在展销会上的大展位确实没有投资价值。该流程及数据为领导团队中几名成员长期以来的怀疑提供了佐证。尽管参加展销会有助于主动与现有及潜在客户建立联系，但是为购买展位所投入的资金及其他相关费用确实不值得。

现代科技和自动化可以使这 3 种衡量标准更高效、更准确，也更有意义。用于企业资源规划（enterprise resource planning，

ERP）、客户关系管理（customer relationship management，CRM）和会计系统的软件就是最好的例证。

　　高科技企业中，在厂房中配备摄像头和传感器已成为司空见惯的事情。通过对零部件在上线之前进行实时缺陷检测，可以做到防患于未然。大型农产品种植企业通常在包装线上安装缺陷检测设备，在打包运往市场之前可提前清除所有有缺陷的水果或蔬菜。

　　在厘清需要衡量什么以及如何衡量之后，你还要再次谨记20/80方法的要求——越少越好。你要挑选自己认为最能全面说明实现各流程设定指标的数据，采用最有效的方式收集数据，并定期与团队共同讨论和审查结果。不管是否采用 EOS®，你都需要确保所有重要数字"保持正常运行"，并在它们偏离正轨时及时采取措施。由此也引申出"FBA 核对清单"中的下一个项目。

步骤 3：管理（Manage）

　　管理——也就是运行 EOS® 的公司所说的"LMA"，代表的是领导力（leadership）、管理（management）和责任（accountability）。尽管对员工

开展培训非常重要，但有效衡量培训质量显然有助于强化培训效果。有效的领导和管理是确保所有人遵守每个核心流程的关键。

实际上，通过优先考虑记录和简化核心流程这项重要工作，我们为组织引入了新的办事纪律。借助培训并通过衡量来强化培训的效果，则是我们普及和推动纪律的有效手段。每一位领导者和管理者应把这种新的行为方式转变为习惯。久而久之，企业即可生成吉姆·柯林斯所说的"纪律文化"。

首先，你要为员工清晰地指明方向。你需要让员工认识到，这种新的运行方式为什么是有价值的，以及它的成功运行如何在造福公司的同时，也让所有员工成为受益者。如果员工的反应是抗拒或者抱怨，那么你需要认真倾听他们的想法，并尽可能理解他们的顾虑。

正如美国前总统德怀特·艾森豪威尔（Dwight Eisenhower）曾经说过的那样，"敲打别人的脑袋绝不是一种领导方式。这是人身攻击，不是领导方式"。因此，你需要反复澄清变革的原因，鼓励他们继续努力，并在这个过程中为他们提供充分支持。

○ ●

有效的领导就是把重要的事情放在首位，
而有效的管理就是让员工自律并严格执行纪律。
——斯蒂芬·科维（Stephen Covey），美国管理学大师你还要为团队成员提供必要的工具，帮助他们永久性地改变自己的执行方式。

- ☐ 他们能否轻松地找到流程文件、核对清单或视频呢？
- ☐ 是否有必要为他们提供额外的培训？
- ☐ 在他们感到迷惑或陷入困境的时候，他们是否知道应该找谁寻求帮助呢？
- ☐ 你是否让每个直接下属有足够的时间和精力将这些变化融入他们的日常生活呢？

其次，你要确保你对员工的期望是合理而明确的。你不能指望他们一夜之间便掌握这种全新的执行方式。这就需要你始终坚持新流程所要求的合规性、频率和结果。这对你来说可能也是新鲜事物。

对那些不习惯使用数据实现自我改善的员工来说，他们可能以为，你这么做只是为了找碴，发现他们的错误。这只会削弱他们的信心，甚至会带来怨恨。正因为如此，你在发现不能带来立竿见影的结果时，一定要采取更现实的目标，为他们提供更贴心的指导，而不是毫无人情味的惩罚，这一点至关重要。

总之，这是一个需要决心、善意和耐心的过程。如果你改变了某个人的工作方式或是你的企业文化，然后期待马上就能看到100%的效果，显然不切实际，只会让人们感到压抑和沮丧。

此外，团队成员当然也会对你和组织抱有期望。在现代工作环境中，成功的领导和管理大多是双向的。因此，在通往成功的道路上，你必须了解每个人的需求，并努力满足他们合情合理的期望。

因此，要提高效率，他们可能需要领导者提供更多的工具，或是对工作程序进行合理调整。比如说，在我们的一家客户公司中，有个员工请求主管购置更多的废料箱，以便于他和同事处理废料。他还要求将新购置的废料箱放置在靠近工位的地方。这看起来微不足道但实质非常重要的改变，大大提高了员工的工作效率和工作劲头。如果你的团队成员提出的问题、担忧或是建设性反馈合情合理，那么你唯一需要做的，就是尽可能地满足这些期望。

在这个从固有行为方式向全新行为方式转型的过程中，良好的沟通至关重要。因此，你一定将自己的期望表述清晰，还要习惯于不断说给自己听。

但更重要的是，你要认真倾听别人在说什么，当团队成员在这个过渡流程中取得进展时，千万不要吝惜赞美之词，要学会欣赏和鼓励他们，不要陷入假设的陷阱不能自拔。因此，你需要验证团队成员对每个步骤的理解，而不是假设他们应有尽有，完全不需要你的帮助。

最后，你也要为团队提供积极而有建设性的反馈。如果你的团队已经找到正确的工作方式，而且能始终保持这种方式，并取得了预期结果，那么你是否会毫不掩饰地向他们表达祝福和鼓励呢？

如果他们在工作中出现错误，未能保持足够的一贯性，或是没有得到你预期的结果，你会作何反应呢？你会把这些数据当作有价值的学习机会，并为团队成员提供面对面的训练，从而帮助他们改进业绩呢，还是会动辄祭出公司政策的大棒，毫不掩饰你的沮丧，并试图以羞辱来刺激员工做好本职工作呢？

问题解决途径（IDS）

前文提到的两种"EOS®工具"——"诊断会议"以及"公司记分卡"不仅为领导和管理流程提供了便利，也有助于强化公司的流程。这里，我们将探讨第3种"EOS®工具"——"问题解决途径"，它是实现让所有人遵循这些核心流程的重要手段。

"问题解决途径"本身就是一个有效解决问题的小型流程。它的目的在于提高团队及时发现和解决问题的能力，而不至于让问题存续数天、数周，有时甚至是数年。在强化流程方面，"问题解决途径"的工作原理如下。

如果记分卡数据在每周"10级会议"期间偏离正规，那么你需要将记分卡"下拉"到"问题清单"。在会议专为解决问题留出的时段内，你需要优先解决重要性排在当天前3位的问题。由于实现每周业务的先导性指标往往是取得良好结果的关键，因此团队基本会把记分卡上偏离正轨的指标放在首位。

在确定各项任务的优先顺序之后，你只需关注最重要的一个问题，并对这个问题实施"IDS"操作。

"IDS"这个缩写的第一个字母"I"代表识别（identify）。换句话说，你首先要确定，真正的问题是什么？任何症状出现在你的"问题清单"上都并不罕见。事实上，如果一个销售团队业绩低下，那么这个症状可能源于若干不同的现实问题或根源。清除症状只是暂时性的，治标不治本。因此，我们必须识别真正需要解决的问题，消除造成这个症状的根源，才能让这个问题永久消失。

一旦找到症状的根源，我们即可转入代表"讨论"的第二阶段"D"——此时，我们需要对问题展开简要讨论

(discuss)。人们只会说一次真正想说的话，而且只说一次，因为说多了就会引发猜疑。

最后一步是"S"，因为我们终归还是要"解决"（solve）问题，我们需要通过协商，确定我们认为可一劳永逸解决问题的计划。解决问题往往意味着我们作出决策，并对实施方案达成一致。

对核心流程加以记录和简化并得到所有人的遵守，会提高我们识别问题根源并永久性解决问题的能力。同样，定期召集"诊断会议"并使用 IDS 工具解决问题，则有助于我们更快、更有效地强化流程。

如果团队中的每一位成员都参与变革，永久性的变革才有可能发生。但如果你没有全力以赴地投入，以身作则地进行领导和管理，并带动公司的每一位经理、主管或其他团队领导与你携手并进，这场变革依旧不会发生。如果你想了解更多有关领导和管理方式的知识，可以阅读《你的团队需要怎样的领导者》（*How to Be a Great Boss*）一书，这本书出自我们的同事吉诺·威克曼和勒内·波尔（René Boer）之手。

吉尔·辛普森（Jere Simpson）是风筝线科技公司（Kite wire）

的创始人和首席愿景总监（chief vision officer，CVO），这家软件公司主要为企业和机构提供移动设备管理服务。通过分享下面这个故事，辛普森为我们解释了"FBA 核对清单"中"管理"这个步骤的意义。

企业文化转型 3 年，挺过波动，迎来 80% 持续增长率

"大约整整两年的时间里，我们的业务收入始终停留在 400 万美元。我非常沮丧，根本看不清未来的前途何在。但我最终还是意识到，业务停滞的根源，就是我们没有遵循流程，我们总是让员工接受不同的操作方式。这导致我们的企业形成了一种随波逐流的文化。于是，我决定打造一种强调原则和纪律的企业文化。我们对流程进行记录，形成文件，并努力让团队总共 20 个人接受这套流程。

"这显然是一次巨大的文化转型，它需要我们进行大规模的内部调整，毕竟我们的重点将从一味追求创新和增长转变为一致性执行。事实上，在实施调整后的第 1 个年度，我们的收入再遭重创，下滑到 320 万美元，这种损失对我们来说确实过于巨大。但是在对企业文化进行彻底改造之后，在随后的 3 年中，我们便迎来了 80% 的持续增长率。"

10 年后，这家公司已成为公认的行业领导者，不仅拥有满意的客户群体，更实现了持续稳定的利润增长。凭借卓越的领导团队和强大的流程，吉尔成功实现了企业的整体转让，转而寻求他更喜欢的事业——去追逐他的下一个伟大目标。

步骤 4：更新（Update）

你需要定期更新每个流程，而且每年至少要更新 1 次。两个方面的原因导致这一点至关重要。首先，你只有通过持续更新，才能创造一种不断进取和改进的文化。第一次改革帮助你减少了浪费、分歧或差错。在这个坚实的基础上，你可以再接再厉，再展宏图。

你还能进一步简化你的流程吗？你是否需要将某些步骤自动化、精简或是消除？我们的客户发现，每年给自己提出这些问题，可以确保他们的流程始终维持强大的威力。

进一步更新流程也是为了生存。任何企业都会随着时间的推移而变化。优步给出租车行业带来的影响告诉我们，不适应变化的企业迟早都会灭亡。

成就当然值得庆贺。但是适用于当下的工作方式并不意味着在明天依旧是最简单、最有效的方法。你的行业在变化，客户的需求在变化，技术也在变化，你的企业同样也需要变化。因此，你应该把将核心流程每年至少更新一次变成一种习惯，这会帮助你应对甚至预测这些变化。只有这样，你才能生存和发展，把那些不适应环境的竞争对手抛在身后。

我们的经验表明，客户会以多种方式对"FBA 核对清单"中的步骤进行更新，但所有方法都需要设定明确的责任和期限。

首先，你要确保由领导团队中的一名成员专门负责每个流程。如前所述，这个负责人的选择通常是显而易见的，也就是说，流程的实际执行者理所当然是这个负责人的最佳人选。但对于涉及跨职能部门（如客户服务）的核心流程，你应选择一位能连续多年负责该流程更新的领导者。

实行 4 天工作制，业绩不降反增

我们的客户中有一家快速成长中的软件公司，他们的主要业务是帮助贷款人预测借款人为偿还贷款筹措资金的能力。由于公司每月都需要新聘用 5 到 10 人，因此，保持操作流程的即时性和实用性对业务维持至关重要。

他们找到一家外部技术平台。它不仅帮助他们实现了流程的简化和集中化，还可以提醒他们定期审查和更新这些流程。

当领导团队中的某个成员出现调整时，这套软件就会提示员工重新访问流程，向新的负责人了解流程的变动情况。这种方法让员工对自己的工作质量更有信心，反过来，领导也对公司不断为客户提供优质服务以及持续发展的能力更有信心。

风筝线科技公司的吉尔·辛普森将这个步骤用于"FBA核对清单"，对公司的人事流程进行了彻底改造。他的灵感来自篮球巨星勒布朗·詹姆斯（LeBron James），在谈到长期在篮球运动中保持巅峰状态的秘密时，詹姆斯提到了他在心理和身体康复方面投入的大量时间。这促使辛普森意识到，凭借卓越的公司业绩和优秀的领导团队，他可以采取每周4天的工作日制度。

这种调整不仅帮助公司更好地吸引和留住了优秀人才，而且他还发现，公司业绩也实现了稳定增长，每个季度都能取得比上一个季度更好的成绩。此外，这项举措也让吉尔和其他团队成员有更多的时间陪伴家人。

　　一旦确定了每个流程的负责人，你就可以把更新核心流程的任务分配到全年当中。我们的大多数客户均采用按季度更新的方式，因为这也是他们创建"大石块"（考核标准）的频率。

　　一位采用 EOS® 的客户与我们分享了下面这个简单表格（见表 5.2），因为流程审核是在一年中的不同季度进行的，因此，每位领导者可以负责几个流程。

　　对采用 EOS® 的公司来说，只要明确建立责任制，领导者只需在相应季度为审查和更新自己负责的核心流程设定"考核标准"。无论你的公司采取什么方式设定事务的优先顺序以及推动负责人完成这些优先事项，你都可以把这种方法嵌入到其中。

　　如果你的公司根本没有这样的操作方式，那么你可以考虑采用某种业务操作流程。尽管我们并不认为所有企业都应该在 EOS® 上运行，但我们相信，采用若干不同运营系统的企业注定不可能成为好企业。

　　换句话说，你只能选择一种最适合自己的系统。

生存下来的未必是最强壮的物种，也不一定是最聪明的物种，但它一定是最能适应变化的物种。

——查尔斯·达尔文（Charles Darwin）

表 5.2　季度流程审核表——每季度需要审核的业务流程
都由固定的人员负责

负责人	业务流程	审核时间
莎伦	市场营销	第二季度
—	销售	第三季度
—	客户管理	第一季度
卡洛斯	工程	第四季度
—	供应链	第一季度
—	生产	第二季度
西蒙	会计	第二季度
—	人力资源	第三季度
—	IT	第四季度
雷切尔	业务经营	第三季度
—	采购	第一季度

在明确更新流程的优先性之后，最理想的更新方法应该就是你最初用于记录和简化核心流程的步骤：

① 观察；

② 评估；

③ 修改流程；

④ 重新启动"FBA 核对清单"；

⑤ 重新对所有成员进行培训；

⑥ 根据需要修订衡量指标；

⑦ 合理管理，关注已经发生变化的步骤或分步骤。

　　如果你每年均对所有流程完成一次更新，那么你就会得到一张充满生机活力的行动蓝图，引导你的企业不断走向新的高度。按照它的指引，你会不断发现更多改进与完善的契机，并抢在竞争对手之前预见不断变化的市场需求。

　　此外，你还可以充分利用先进技术，消除浪费，更好地管理变革，从根本上彻底碾压你的对手。在每个季度，你都会变得更优秀、更聪明、更敏捷。你不仅会成为新浪潮的领军者，而且你的前进步伐会势不可挡。

　　这就是"FBA 核对清单"的价值，而推动严谨性、纪律性、一致性和持续改进的整体策略更将威力无穷。在你的核心流程被记录、简化并得到所有人的遵循（FBA）时，你注定有能力把业务扩展到你设想的任何规模。彼时，你在过上理想生活的同时，也会有能力去自由地领导、创造和创新。

第三部分

ACT

实现预期

让高效运转的流程
无缝嵌入企业和组织

PROCESS ▶▶▶

第 6 章

可视化处理，一套切实可行的流程系统

领导团队在规划企业发展的蓝图之前，就要制定长效的流程管理机制，以获得在市场中的竞争优势。

到此为止，我们还一直在为未来的成功之旅做准备。现在是我们采取行动的时候了。在这一章，我们将帮助各位以明确的目标和自信的心态体现流程的价值。

正如我们在最初提到的那样，对工作流程的可视化处理，既是我们对所学习知识的总结，也是我们为强化组织"流程要素"而采取的一种行之有效、循序渐进的方法。在下文中，我们将探讨如何使用这种方法制订计划、采取行动并兑现预期结果。

上下一致执行，全身心投入流程再造

在第 1 章，我们探讨了企业家为理解流程价值而需调整心态的几种方式。第 2 章详细介绍了"强大的流程"的好处和"薄弱的流程"带来的成本。第 3 章到第 5 章旨在引导你学会以"三步骤流程记录工具"和"FBA 核对清单"记录和简化核心流程，并确保核心流程得到所有人的遵循。

尽管任何疑虑都不会妨碍你继续阅读本书，但我们还是认为，如果不能帮助你将这些策略诉诸实践，就不可能给你的企业或生活带来任何积极影响。但成功还需要两方呼应，首先需要你做出承诺，全身心地投入到这项实践当中。

强化流程固然简单，但也不总是一帆风顺。阻力永远不可避免，而且在很多情况下，最大的绊脚石就是你自己。Altru Vista 资产管理公司创始人兼首席执行官阿里·纳赛尔（Ali Nasser）早已认识到这一点。他说："在完全认同这项任务的价值之前，流程就像是我的梦魇，让我不得安宁。"他抵触流程的另一个原因，是因为，在他看来，这件事很"无聊"。直到意识到流程给公司发展和创新能力带来的积极影响，他才豁然顿悟。

你一定要有准备，组织中的每个人都可能会退缩、避让，甚

○●

承诺与投入：它是区分实干家与梦想家的试金石。
——约翰·马克斯韦尔（John Maxwell），领导力和人际关系专家

至是反抗。任何抵制变革的行为都是情理中的事情，尤其是在变革需要人们不得不面对纪律和责任的时候。如果没有这样的约束，还能不断取得佳绩，那当然是再好不过的事情。

正因为如此，你才需要坚信这项工作的力量。在全身心投入时，你更容易接受甚至欣赏各种不可避免的挑战与障碍。你会义无反顾地去征服它们。你会信心百倍地去鼓励其他人畅所欲言，大胆分享他们的想法和情感。你会深刻地体会到，团队成员表达他们的担心和顾虑时，实际上就是在参与你的工作。尽管这种参与可能不够积极主动，但至少表明他们是用心去做的。

在他们倾诉烦恼和顾虑时，你需要做的事情就是认真倾听他们在说什么，尽可能真正了解他们的处境，以及他们为什么会有如此强烈的感受，不要试图避免、淡化和忽视这些合理的担忧。正如帕特里克·兰西奥尼（Patrick Lencioni）在《团队协作的五大障碍》（*The Five Dysfunctions of a Team*）一书中作出的解释，人们通常会支持他们最初不接受的决定或倡议，但这需要一个前提——他们认为这些决定或倡议考虑了他们的意见。

你不要试图掩盖自己的真实想法，而是应该心甘情愿地去分享自己的担忧和疑虑，向他们解释你学到的东西如何改变自己的想法。坦率地说，我们之所以创作这本书，就是为了帮助你和你的领导团队接受很多创业领导者最初不愿接受的事物。如果你的团队成员也不愿作出承诺，那么你应该推荐他们阅读本书。

在你的团队中，如果有成员经常陷入误区，你应让他们阅读本书第1章；至于不了解本书价值的成员，要建议他们认真阅读本书第2章；对已经做好准备而且也愿意学习如何实现这个目标的读者，可以建议他们直接阅读第3章到第5章。

如果还有人不情愿或是犹豫不定，你可以直截了当地告诉他们，你打算推动这项举措，而且需要他们的全力支持与配合。然后，你要要求所有人对未来工作作出承诺，而且要得到他们发自内心的口头接受。如果你对某个人的承诺是否有诚意存在质疑，要尽可要求对方进行解释。**虚假的和谐往往比真实的冲突更危险。**

制定时间表，严格关注任务进度

一旦下定决心，你即可放弃所有的讨论、争执和拖延，马上诉诸行动。此时，你只需运用第3章详细介绍的"三步骤流程记录工具"，集结你的团队，马上开始行动（见图6.1）。下面，我们不妨简单扼要地概括这个过程的基本步骤。

图 6.1　三步骤流程记录工具

1. 识别与确认核心流程

- ☐　与领导团队集体讨论

- ☐　清晰界定几个核心流程

- ☐　集思广益、编辑以及保留、废除与合并

- ☐　为每个流程命名

- ☐　为核心流程手册编制目录

2. 记录与简化核心流程

- ☐　制订计划

- ☐　观察

- ☐　评估

- ☐　创建文档

- ☐　简化

- ☐　审查和批准

3. 打包与整理核心流程

- ☐ 确定适当的平台或格式

- ☐ 对核心流程进行收集、整理、打包或存储

- ☐ 对核心流程手册进行命名（比如，ABC 公司行为准则）

- ☐ 确保核心流程易于查询和使用

对大多数公司来说，这个过程大约需要 12 个月（上下浮动时间约为 1 个季度）。你要制定一个现实可行的时间表，全力以赴地投入到这项工作当中，严格关注任务进度；如果遭遇困境或是遇到阻力，可参考本书第一部分"转变认知"以及第二部分第 5 章"FBA 核对清单"介绍的工具，解决问题，继续前进。我们的下一项任务就是定期更新及改进每个流程。

推进责任机制，不断达成预期结果

经过打包与整理的核心流程手册是引导你走向更美好未来的蓝图。只要沿着这幅蓝图规划的路径，你就可以始终如一地实现预期结果，比如增长、赢利、拥有优秀的团队成员和快乐的员工，还有你梦寐以求的终极自由。而"FBA 核对清单"的作用，就是

把这幅蓝图转化为一套切实可行的系统，一个引导所有人遵守核心流程的系统。

1. 培训

- 召集所有执行一个或多个步骤的人
- 选择正确的培训方法
- 鼓励员工畅所欲言，坦诚对话，提出异议
- 验证员工对核心流程的理解及其作出的承诺
- 你自己也要通过经常重复实现改进（必要时）

2. 衡量

- 合规性——我们现在的做法是否正确？
- 频率——我们是否经常这样做？
- 结果——我们是否取得了预期结果？
- 确定执行的主体、方式及环节
- 设定目标

3. 管理（或 LMA）

- 实行 LMA（以有利于推动责任制的方式进行领导和管理）

- ☐ 在行为发生变化时为团队成员提供支持

- ☐ 对成果予以奖励和表彰

4. 更新

- ☐ 根据需要进行流程更新（但每年至少保证 1 次）

- ☐ 全体团队成员共同参与

- ☐ 组织化、自动化及简单化

- ☐ 重复"FBA 核对清单"中的步骤 1"培训"

- ☐ 率先调整你自己的执行方式

- ☐ 根据需要进行衡量和管理

这里需要做一个重要的免责声明：企业在使用 FBA 核对清单确保所有人遵循这套核心流程后，我们并不能保证每个人都会永远遵循这套流程，而且永远不会犯错误。

相反，这只能说明，你拥有了一套推进责任制的机制。这套机制促使所有人遵循流程，实现预期结果，并在出现错误或是未

○●

如果无法达到目标要求的水平，你就应该在你的系统水平上找原因。

——詹姆斯·克利尔（James Clear），著有《掌控习惯》（*Automic Habits*）

能达到目标时及时有效地作出反应。而且同样需要提醒的是，正如我们在介绍"更新"部分时所言，这项工作永远没有尽头。

这是一项在不断更新中趋于完善的任务，但它永远都不可能达到尽善尽美。在这个过程中，随着环境的发展与变化，你的组织、流程和人员将以更快的速度和更高的效率走在竞争对手之前。

PROCESS ▸▸▸

第 7 章
全员一致认同：流程至上

在流程的制定、落地和更新的过程中，要注意人的因素。
人员的性格和能力各不相同，一致的目标就成了关键。

不管你对流程的执行情况有多好，你都不能指望会在这个过程中一帆风顺，不会遇到任何障碍。毕竟，我们的所有观点都基于一个最简单的假设：你领导和管理的对象是人，而不是机器。在我们的客户当中，每个领导者都会遇到形形色色的困难与障碍（见图 7.1）。

图 7.1　面对形形色色的困难，我们要做的就是一个个跨过去

9 个落地时的常见挑战及解决方法

如下是他们面临的一些常见挑战以及克服这些挑战的方法。

1. 缺少激情

即便你能以正常心态开始这个项目，你的承诺和投入意识也会出现周期性波动，或是随着时间的推移而衰减。此外，在你的团队中，也可能会有某些成员对强化流程没有兴趣。这样的问题其实很常见，而且也很危险。

面对他们没有激情或是完全不感兴趣的项目，企业家和创新型领导者往往会感到非常纠结，甚至会直接放弃。此时，一定要放弃所有的顾虑，求助于你的领导团队。他们很可能正在因为这个项目而无比兴奋，你完全可以借用他们的精力。

你在启动之前就要认识到这种可能性，这有助于你采取措施防患于未然，或是在人们对项目失去热情时及时作出反应。你要从一开始就保持正常的心态（见第 1 部分"投入"），并不断反思这项工作为什么如此重要。

与此同时，你还要不断提醒你的团队——你们投资"流程"，是为了持续取得更卓越的成果并实现公司愿景。你要让你的员工始终关注真相（而非误区）和强化流程带来的诸多好处。这会有助于所有人保持积极心态，并一致认同推动变革是对企业未来最有效的投资。

维持高度热情的另一种方法，就是通过合理规划，尽早品尝胜利果实。在考虑需要优先处理的核心流程时，你要谨记一个原则——越少越好。

与其同时应对 5 个流程，但不能完成任何一个流程，你还不如抓住一个流程作为突破口并取得成功。此外，你还应考虑选择一个或若干个可带来立竿见影积极影响的流程。当下最让你的组织感到痛苦的是什么？或者说，在哪个环节可以尽快取得可衡量的积极成果？先取得一两场容易或重要的胜利，无疑会让你在余下的征程中激情四射。

如果热情确实已开始消退，就大声说出来，不能选择沉默。如果这些感受和顾虑被忽视或是无法表达，那么它们只会进一步溃烂并不断蔓延。最终，项目很有可能遭遇失败或是中途夭折。

不管是凭借一己之力还是在团队的帮助下，你始终要相信这个流程，克服困难，不断前进。正如温斯顿·丘吉尔爵士所说的那样，"如果你正在穿越地狱，就继续前进，直到走出去"。在遭遇困难和挫折的时候，你更要坚定决心，重新点燃你的激情，引领这个重要项目重返正轨。

2. 缺乏专业知识

我们已经看到，这是一种简单实用的方法，它并不需要深奥、具体的流程专业知识。但它确实需要激情、对业务的理解以及持续执行和不断改进的强烈愿望。此外，你还需要一个愿意从事这项工作的团队。

当然，在流程方面的实战经验也是一种财富。因此，你的领导团队中，至少应该有一名成员之前从事过推行流程一致性执行的任务，这无疑有助于提高团队工作效率。当然，如果有某个成员曾任职于拥有"强大的流程"的企业，这会让团队如虎添翼。它就像拼图盒子里的图纸，指引你脚踏实地地不断前进。

知道"完工"后是什么样子，显然是最好的行动指引。这意味着，在你遇到困难时，会有一个人站出来发表权威观点，"我们可以采用下面的几种方法解决这个问题"。如果没有实务操作的经验，那么团队成员可能需要花费更多时间去解决各种主观臆断。

不要让猜想和疑虑延缓工作进度或是让项目陷入停滞。我们已经注意到，很多缺乏流程经验的团队都在着力强化他们的流程。像其他企业一样，如果你也缺乏这方面的专业知识，那么你或许无法在第一时间做好所有事情。但这其实很正常，你只需继续前进。完美是前进的敌人。如果你觉得确实没有能力迎接挑战，或是希望加快项目进度，那么在面对团队缺乏专业知识时，不妨在如下 3 种方式中选择其一来解决问题。

（1）在现有团队中开发这方面的知识和技能。让他们投入更多的时间或资金去学习和研究流程。具体措施包括阅读专业书籍、参加研讨会或是接触愿意与你分享经验的行业专家。

（2）寻找或聘请有相关经验的专业人士。在你的企业中，或许就隐藏着你尚未发掘的流程专业人员，可以让他们与领导团队共同推动项目进展。

本书讨论的几家公司就在内部发掘出这样的"流程牵头人"，他们为实现流程目标做出了重大贡献。如果你在公司内部找不到这样的人选，就可以考虑将"流程专业知识"作为下次关键岗位招聘的基本要求。

随着公司的发展，流程的严谨性和纪律性也会变得越来越重要，而且也不再局限于业务运营。在财务、人力资源、销售和市场营销等其他领域，拥有流程专业知识和实战经验的领导者并不罕见。

（3）与流程专业机构或专家成为合作伙伴。在这里，"合作伙伴"这个概念非常关键。你不能指望聘请某个人替你担下所有重任。一定要记住：最终目的是让你的团队拥有这种能力。因此，你可以寻找有经验、有能力的外部人员人或机构帮助你的团队。

你可以在网络上搜索"流程咨询"或"业务流程管理",你会找到数百家拥有强大流程专业知识的公司和个人,他们都可以助你一臂之力。而你要做的事情,就是明确你希望对方承担的责任,并根据与你的团队在风格和方法上实现匹配的要求,选择最终人选。

3. 沉迷于复杂或完美

如果你或是团队其他成员难以接受简单性或渐进性进展,那么这项行动可能会陷入"准备,瞄准,瞄准,瞄准"的停滞模式。

切记,我们关注的是进步,而不是完美。为此,我们还是要从基本原则入手,把关注点转移到能带来 80% 结果的那 20% 的工作上。你要让这些核心流程在一开始就尽可能地接近"完成"状态,然后,随着时间的推移,逐步完善、更新和改进这些流程。

如果你认为只有使用一本 500 页的 SOP(标准作业程序)手册大全才能满足要求,那么现在你可以从这个简单方法着手,把它当作未来深入细化的手册大纲。否则,你要做的工作可能会不计其数,甚至会让你无从下手,却始终不能给业务带来积极影响。根据我们的经验,绝大多数创业公司还不具备这样的能力。

4. 过度依赖技术

有些公司和领导者把技术视为强化流程的一种方式。为此,他们会购置新的 ERP 系统,试图将业务操作流程标准化,或是采购一套新的 CRM（客户关系管理），以便于按更一致的标准开展营销、销售及客户服务。

实际上，部分这类产品的供应商显然夸大了他们在这方面的能力。诚然，系统、软件和技术平台确实会带来一些帮助。但是从技术起步而且严重依赖技术，无疑是本末倒置。

相反，我们可以使用技术对流程进行精简化和标准化，并确保始终如一地执行企业最佳实践。所有知名技术平台都接受这个观点。事实上，收集客户公司的核心流程，往往是他们开发 ERP 或 CRM 实施项目的第一步。

归根到底，企业本身还是从记录和简化流程并确保流程充分普及入手，逐步发挥外部技术的优势。一旦达到这个阶段，技术无疑会更快地释放效力，并获得更好的结果。

如果忽略这个最基础也是最重要的第一步，你就有可能招致难以承受的代价。

对于强大的流程，技术不过是锦上添花

一家成功运营 EOS® 的公司就曾犯过这个错误。他们的愿景总监（CVO）并不忌讳谈及这件事。他坦诚地与我们分享了这段经历。

公司斥巨资向一家行业顶级机构购置了全新的 ERP 系统，该机构的客户中不乏众多全球"财富 500 强"企业。为了运行这套系统，组织不得不在各个层面投入大量时间。

历时 15 个月，这次尝试依旧以失败而告终。这促使领导团队不得不做出一个艰难的决定，放弃安装这套新软件系统，重新启用原来的老系统。这一举措稳定了企业运营，让他们得以把注意力转向强化公司的流程。

两年后，强化企业的流程终于给他们带来了回报，业绩创下历史新高。公司收入稳步增长，利润率大幅提高，这套功能强大且成本低廉的 ERP 系统依旧运行良好。

5. 缺乏领导力

管理如此巨大的变革确实需要强大而坚韧的领导力。你可以问问自己以下问题。

☐ 你和领导团队真的能实行这项举措并切实承担起责任吗？

☐ 你是否已让所有人理解实行这项举措的原因，并明确表示所有人自行其是的做法已不再可能？

☐ 你是否从一开始就保持全身心的承诺和投入呢？

☐ 你是否能让组织中的每个人都参与进来，并真正倾听他们的问题、顾虑和反馈？

☐ 你是否已开始推行学习和遵循这些流程并不断兑现业绩指标的责任制呢？

如果你对这些问题的答案都是否定的，那么你原本早就应该意识到，你自己才是造成这种困境的根源。只有把这些问题的答案全部转换为"是"，你才能摆脱困境。

6. 无培训或培训不足

仅仅记录和简化流程本身还不足以改变人们的工作方式，这也是导致很多流程改进计划以失败而告终的原因。你只有通过培训，而后借助可衡量的指标和管理加强培训结果，才能帮助员工培育新的行为习惯，并确保他们持续取得更优结果。遗憾的是，很多忙忙碌碌的领导者和管理者似乎鲜有时间去开发、提供和加强这项关键培训。

你的核心流程就是为员工提供入职、培训和开发计划的基础。归根到底，还是要求助于核心流程。你应抽出足够的时间，认真制订初步培训计划，引导全体新员工和有经验的老员工全面学习和体会这些新流程；让他们与流程实现互动，与流程合作，甚至在理解和使用流程过程中找到趣味。我们都知道温故而知新的道理，任何习惯的形成都需要大量的重复。因此，你一定要有这样的思想准备，不断重复训练，直到这种新行为方式成为"我们本来就应该采用的行为方式"。

7. 无衡量或是衡量质量低下

衡量合规性、频率和结果可以为你提供证据，验证你创建的流程和提供的培训是否已开始发挥作用。如果你不能定期（我们建议每周）衡量这些方面，你的员工和管理者可能很快就回归他们更熟悉的老习惯。经验告诉我们，影响有效衡量的障碍来自两个方面：第一是战术层面的障碍；第二是文化层面的障碍。

要攻克战术难点，你就需要厘清到底需要衡量哪些方面，以及该如何衡量。

在我们的核心流程中，哪些主要步骤最重要？

在做出这个判断之后，我们是否就应该衡量该步骤的合规性、频率或结果呢？

最后，我们该如何衡量这个步骤呢？

如果你被这些问题难倒，那么它们就是你必须提出和解答的正确问题。此时，我们的唯一建议，就是"你应该去试一试"。

你要学会挑选一个主要步骤，以合规性、频率或结果为衡量对象，然后，找出最简单、最合理的方法衡量这几个方面。即使没有最新潮、功能最强大的软件，我们也可以衡量客户线索、销售机会、出错率或是交付准时率这样的指标。

实际上，白板、记事本或是核对清单这些最简单的衡量方法，往往也是最有效的衡量方法。尽管来自应用程序的数据或许更漂亮，但你不要因为没有实现自动化便止步不前。不管怎样，一定要敢于尝试，走出第一步，距离成功就更近一步。在确定需要衡量哪些方面以及如何衡量之后，你就可以为这些指标设定目标。每天、每周或是逐月查看这些数字，一旦发现它们偏离正轨，你和你的团队就要共同找出原因，解决问题，让它们重返正轨。

在面对文化挑战时，你需要让你的团队认识到，拥有一个他们负责兑现的数据指标是非常有意义的。很多员工认为，老板之所以要跟踪这些可衡量的指标，无非是为寻找他们的错误或是工作不努力找理由。因此，一定要让他们意识到，这些数据是他们实现目标的有效工具，可以督促他们始终保持高水平的业绩。

针对合规性、频率和结果设置清晰、可衡量的目标，实际上就是对成功作出了明确定义：让所有渴望成功的员工在第一时间就能作出判断——哪些行为是有效的，哪些是无效的。对于天性中不缺少责任心的人来说，他们当然更喜欢以清晰明确的目标约束和鞭策自己。而不愿承担责任的人当然会心怀不满，甚至会选择离开。而这就给我们带来了下一个障碍。

8. 避免追责式的惩罚

任何一个组织的成功与员工的责任感都是成正比的。如果领导者、管理者和其他员工均对自己的成果切实负责，那么这个组织自然会蓬勃发展。相反，如果把实现预期指标、完成优先任务、为客户和员工提供良好服务以及解决问题的责任全部推给别人，那么这个组织注定会惨遭失败。这个原则同样适用于强化流程。归根到底，责任最关键。

对领导者来说，强化公司的流程要素是他们直面现实和克服挑战的关键。

家族企业更替时，员工意识也要更新

目前在一个家族企业担任公司首席执行官的第二代继承人告诉我们：“多年来，我一直在反复强调，公司增长停滞和盈利水平低下的罪魁祸首就是缺乏流程。”

他继续指出：“随后，我们对流程进行了记录和简化，并为所有员工提供培训。但我马上就意识到，我们不得不面对这样一个尴尬的事实——缺乏记录和文件并不是问题的症结。相反，阻碍我们前进的，是员工拒绝遵循这套流程。尽管我们已在公司层面建立并开始实施这些工具，但是在执行层面，人们仍在使用自己原有的记分卡、操作系统和流程。很多老员工早已形成自己的习惯，要发挥新流程的价值，首先我们需要打破这些固有的习惯。当我们引导全体员工开始遵循这套核心流程时，公司运行也随之转入正轨，再次成为一台运转良好的机器。当然，这是一项艰苦的工作，但付出显然是值得的。"

如果你的员工不想改变自己，或是不愿意为实现目标而努力工作，那么你的公司很快就会回到之前的老路上。如果你的领导者和管理者不打算推行以改变行为和严格执行为目标的问责制，你推行核心流程的努力注定会前功尽弃。如果你的流程没有得到严格遵循或是未取得预期结果，那么你永远都不可能始终如一地发挥业务潜力。

只有是我们接受和容纳的东西，才是我们有可能得到的东西。既然你已经踏上这条流程之路，那么你就应该为引导和实施你追求的变革承担责任。然后，你还要引导组织的领导者、管理者及其他团队成员各司其职，各担其责。

在这个过程中，充分的同理心至关重要，但你实现目标的明确性和坚定性上不容任何动摇。

为此，你可以创造一种氛围或制度，让责任人会因履行责任而得到认可、奖励和表彰，为不愿意或是无法改变的人提供指导和支持，直到他们主动加入你的行列或是选择自行离开。不管怎样，你的公司都会因此而更加强大。

一位领导者承认，她的团队成员在负责改变员工固有习惯时，确实遇到了很多困难。她说："很多员工感到困惑、害怕和愤怒。我们也发生了很多争论。有些人选择主动离开，还有些人被上司开除。这的确很难，但所有这些付出都是值得的。今天，我们的企业文化更有活力、更有作为。我们的员工不仅在自己的岗位上做得更好，而且更快乐，也更有责任心。我们的领导者和管理者更高效，工作成为我们生活中的乐趣，我们每天都会满怀希望和快乐地走上工作岗位。我当然不会改变这样的状态。"

9."差不多"综合征

毋庸置疑，当一个充满良好意愿的领导团队为强化流程而努力时，这是他们不得不面对的第一个障碍。如果你知道该做什么以及该如何做，却没有得到你希望看到的结果，这很可能就是"差不多"的怪圈在捉弄你。

　　我们：你是否始终都能得到自己希望看到的结果呢？

　　客户：没有。

　　我们：你如何评价流程的有效性？

　　客户：可能是 55% 吧。

　　我们：你的核心流程是否已得到适当记录、简化并得到所有人的遵守呢？

　　客户：嗯……差不多吧。

　　我们：等等，"差不多"是什么意思呢？我不妨再具体一点问，你的团队是否已确定了几个核心流程？是否已对这些流程的内涵以及未来对它们的称呼达成了一致意见呢？

　　客户：哦，不完全是。

　　我们（更紧迫的语气）：好吧，你们是否已经记录与简化了每个核心流程，然后与领导团队共同讨论，取得他们 100% 的认可和批准，并一致认为这是实现流程的正确方法？

客户：天哪，怎么可能会达到100%呢。

我们（已经感觉脸上微微发胀）：好吧，那么，您是否为所有需要在流程中承担某个步骤的员工提供了培训呢?

客户：差不多吧。

我们：等等，"差不多"。

这样的对话会一直持续下去。可以想象，你会听到越来越多的"差不多"。

如果我们没有澄清这些问题，这些无休无止的"差不多"只会让人无比沮丧。这些团队其实完全知道他们需要做什么，而且也拥有完成这项任务的工具，但他们只是止步不前，难以自拔。这项工作的目的，就是为了澄清和简化日常工作方式。

我们必须对这些最基本的工作方式做到高度具体，"差不多"或"还可以"的执行方式绝对不会给你带来预期结果。事实上，以"差不多"的方式去记录、简化你的核心流程并要求所有人遵循这些流程，或许比什么都不做更糟糕。

你把宝贵的时间用来走过场，当最终一无所获时，你的团队必然彻底丧失对流程价值的信心。

坚信流程的力量，企业成功只是时间问题

幸运的是，正是按照本书介绍的步骤，我们帮助很多团队走出了怪圈，克服了这些障碍。因此，始终不渝地坚守本书概述的这些基本原则，必将让你无往而不胜。

PROCESS ▶▶▶

结 语!
O-----PROCESS ●

流程——把你的热情转化成
一家蒸蒸日上的企业

这是魔术吗?

不一定是。强化流程或许很简单,但它需要坚定的投入、不懈的学习以及大量的艰苦工作。我们曾与很多组织的领导者有过合作,在他们当中,才华横溢而又勤奋好学的人比比皆是,但几乎所有人都曾为强化组织流程殚精竭虑。但他们中的所有人也都会告诉你,这段艰难的旅程确实物有所值。如果你的企业还没有让你找到梦想成真的感觉,那么我们相信你肯定也会有同感。

我们的一家客户从事建筑改造承包业务,在经历低迷之后,他们浴火重生,彻底对企业进行了改造,公司所有者也由此过上梦想中的生活。他的灵感来自一家从事家庭服务的创业企业。在重启企业增长和利润增加的同时，公司创始人也打造出让他和家人引以为傲的企业和文化。当他们以高估值倍数把企业出售给老谋深算的收购者时，还深得收购方的赞誉。这位所有者不仅对早期幼儿教育满腔热情，更是凭借远见卓识和正确的经营方式，把自己的热情转化一家蒸蒸日上的企业。

这些领导人难道不就是你的缩影吗？他们是梦想家，也是建设者、颠覆者和自由的追求者。他们把激情、奋斗精神和改变世界的愿景转化为创业的灵感。在竞争激烈的市场中，他们的企业凭借创造性、成长性和适应能力脱颖而出。

但值得提醒的是，在这些创业者和领导者当中，无一不是在坚实厚重的流程基础上打造自己的企业和生活。本书描述的工作其实就是他们的经历再现，既然他们能做到的事情，相信你也能做到。他们在当下所享受的成功，或许就是你的明天。

既然如此，就不要彷徨犹豫，马上开始吧。很多人觉得流程是束缚我们自由发挥的枷锁，但实则不然，流程只会给你和你的企业带来真正的自由。

如果本书能帮助各位走上流程打造的康庄大道，帮助全球领导者重启创业激情，那对我们来说，这确实算得上魔术。

致 谢！
O·····PROCESS ●

如果没有很多人的影响、指导和帮助，当然包括我们如下列出的这些友人和同事，就不可能有本书的面世。对各位给予我们生活、工作以及本书带来的帮助，我们无论怎样感谢都不为过。

感谢 EOS® 圈的同仁及本书其他主要贡献者

首先要感谢吉诺·威克曼，你不仅是我们走上这条道路的启蒙者和领头人，也给我们沿着这个方向继续努力带来了动力。感谢你创建了这套简单实用的管理工具，我们对你慷慨无私地与所有人分享这些知识表示由衷的敬意。我们始终是你这个决定的受益者，数百名 EOS® 专家和世界各地每天都在使用这些工具的数千名企业家，和我们一样幸运。感谢你对本书作出的贡献，正是你无私的指导与教诲，才有了这本脉络清晰、通俗易懂的书籍，也使我们两个人成为更合格的咨询师、导师和教练。

感谢唐尼·蒂内（Don Tinney），正是因为你的努力，参与"EOS®专家社区"的活动才成为我们每天当中最美好的享受之一。你教会我们把所有客户与同事视为老师，以无比的耐心和真正的互助精神去传授这些思想。

马修·卡尼切利（Matthew Carnicelli）、詹妮弗·德布罗（Jennifer DeBrow）、德鲁·罗宾逊（Drew Robinson）、约翰·派恩（John Pine）、格伦·耶夫斯（Glenn Yeffeth）无疑是本·贝拉出版集团（Ben Bella Books）最杰出的团队之一，永远感谢你们的帮助。正是有了你们的倾力奉献，这本书才显得栩栩如生，让大家的流程之旅充满愉快，也帮助很多人迎来累累的果实。

尤其感谢全球"EOS®专家社区"。很荣幸成为你们的朋友和同事。有这么多才华横溢、思想丰富的人陪伴我们共同穿越走向流程成功之旅，是我们最大的幸运。而我们创作的这本书，就是为了帮助你们始终如一、充满信心地传授这些理念原则，帮助你们的客户成为受益者。

其次，我们尤其感谢所有为本书提供灵感、建议、反馈、客户推荐及其他重要参考资料的实施者：迈克·阿伯克罗姆比（Mike

Abercrombie）、埃里克·艾伯森（Eric Albertson）、马特·比彻（Matt Beecher）、肯·博加德（Ken Bogard）、雨果·布特（Hugo Boutet）、沃尔特·布朗斯（Walt Brown）、克里斯蒂安·布朗斯（Christian Bruns）、吉姆·比格兰（Jim Bygland）、维多利亚·卡博特（Victoria Cabot）、洛里·克莱门茨（Lorie Clements）、吉姆·科伊尔（Jim Coyle）、威尔·克里斯特（Will Crist）、C.J.杜贝（CJ Dubé）、本·戈茨（Ben Goetz）、约翰·格罗斯（John Gross）、马特·哈恩（Matt Hahn）、迈克尔·哈尔佩林（Michael Halperin）、苏·霍克斯（Sue Hawkes）、安德里亚·琼斯（Andrea Jones）、索尼娅·胡里（Sonya Jury）、安吉拉·卡莱米斯（Angela Kalemis）、迈克·科齐斯（Mike Kotsis）、赛勒斯·莱蒙（Cyrus Lemon）、杰里米·麦克利弗（Jeremy Macliver）、亚伦·马库姆（Aaron Marcum）、加比·马茨道夫（Gabby Matzdorf）、丹尼斯·麦克劳斯基（Dennis McCluskey）、兰迪·麦克道格尔（Randy McDougal）、桑迪·米切尔（Sandi Mitchell）、汉克·奥唐纳（Hank O'Donnell）、马克·奥唐纳（Mark O'Donnell）、斯科特·帕钦（Scott Patchin）、乔·保尔森（Joe Paulsen）、谢·佩菲（Shea Pefy）、埃里克·帕金斯（Erik Perkins）、海梅·罗伯逊·拉瓦尔（Jaime Robertson Lavalle）、劳雷尔·罗曼内拉（Laurel Romanella）、迪恩·拉塞尔（Dean

Russell）、唐·萨斯（Don Sasse）、安·舒（Ann Sheu）、平切斯·舒玛雅（Pinches Shmaya）、比尔·斯特拉顿（Bill Stratton）、珍妮特·韦德（Jeanet Wade）、杰夫·惠特尔（Jeffe Whittle）、迈克·沃尔夫冈（Mike Wolfgang）、内特·沃尔夫森（Nate Wolfson）、雪莉·伍德森（Shelly Woodson）和吉尔·扬（Jill Young）。

最后，我还要感谢为本书提供帮助的很多公司创业者及领导者，他们的慷慨分享、坦诚的倾诉与敏锐的思维，为《流程！》这本书锦上添花：布雷特·阿博特（Bret Abbot）、杰基·乔德尔（Jackie Chodl）、凯特·西尔伯尼克（Kate Silbernick）、朱莉·艾林森（Julie Allinson）、贝尔·阿利奇（Bell Alic）、克里斯·隆齐奥（Chris Ronzio）、罗伯特·阿蒂格斯（Robert Artigues）、杰里·巴克(Jerry Baak)、玛丽·杰恩·克罗克(Mary Jayne Crocker)、理查德·巴尔（Richard Bahr）、彼得·邦菲（Peter Bonfe）、迈克·坎贝尔（Mike Campbell）、克里斯·卡尔森（Chris Carlson）、多德·克莱恩（Dodd Clasen）、帕特里克·康登（Patrick Condon）、马特·亨内布里（Matt Hennebry）、珍妮·冈萨雷斯（Jenny Gonzales）、凯利·海林（Kellie Herring）、迈克·米勒（Mike Miller）、布莱恩·斯特兰德斯（Brian Strandes）、瑞安·迪科（Ryan Diekow）、尼科尔·霍沃森(Nicole Hovorson)、安德鲁·邓曼(Andrew Duneman)、瑞安·巴

切勒（Ryan Batcheller）、安德烈·杜兰特（Andre Durand）、阿利斯特·伊萨姆（Alister Esam）、杰夫·弗里茨（Jeff Fritz）、谢伊·希克曼（Shea Hickman）、彼得·霍特格里夫（Peter Holtgreive）、茱莉亚·林德利（Julia Lindley）、乔恩·洛杜卡（Jon LoDuca）、马特·梅茨（Matt Meents）、科里·麦格雷戈（Kory MacGregor）、爱丽丝·加斯科（Alice Gascho）、阿里·纳赛尔（Ali Nasser）、梅丽莎·布什曼（Melissa Bushman）、埃里克·皮亚西奥（Erik Piasio）、戴维·雷林（David Reiling）、汉娜·海因策（Hannah Heinze）、迈克·波塞洛（Mike Porcello）、戴维·路透（David Reuter）、加里·里奇（Garry Ridge）、杰尔·辛普森（Jere Simpson）、杰森·斯迈利(Jason Smylie)、娜塔莉·斯坦德里奇（Natalie Standridge）、埃里克·昂格（Eric Unger）和加里·范布塞尔（Gary Vanbutsele）。

帕顿致家人和朋友

亲爱的凯特，你无疑是上苍赐予我的最美好的礼物，你是我将永远珍惜的礼物。你让我成为一个更优秀的人，给我们的家人带来温暖和安逸，也让我们的家庭充满和谐与关爱，成为我们梦想中的那个港湾，而且是一个永远都不缺少幽默和优雅的港湾。你无疑是我人生中的完美伴侣。

乔恩，感谢你对我这个老家伙的爱，尽管我身上的缺点显而易见。你是一个难得一见的朋友，更是一位杰出的企业家，我为你而感到自豪。亨利，你是我认识的最勇敢的人。我对你的希望是，你要学会像凯特和我那样，对自己和未来充满信心。我们迟早会看到你展示真我、展现实力的那一天。查理，我真不知道该从哪里说起。你的笑容似乎能照亮整个房间。你对学习和讲故事的热情也激励了我。你太善良了，甚至（偶尔）会附和我的笑话。还有迈克尔和杰克，感谢你们成为这个大家庭的成员，正是你们的到来，才提醒我要学会享受生活，在逆境不为所动。你们的未来充满光明，期待着和你们一起去享受明天的阳光。

感谢我的母亲、父亲、赫斯特、奥兹以及丽莎，在我们并不容易的时候，是你们给我带来了家庭的安全感和归属感。谢谢你们让我热爱学习，把帮助他人当作人生的趣事。

在这里，我还要衷心感谢多年来给予我帮助和支持的诸位师长和友人：史蒂夫·哈奇（Steve Hatch）、马克·哈奇（Mark Hatch）、劳拉·卡萨尔（Laura Casale）、凯·舒特勒（Kay Shutler）、戴夫·拉达诺维奇（Dave Radanovich）、杰克·托马斯（Jack Tomas）、奇普·莱茨格斯（Chip Letzgus）、戴维·安德森（David Anderson）、菲尔·马丁（Phil Martin）、乔治·汤普森

（George Tompson）、丽莎·菲利普斯（Lisa Phillips）、玛莎·福特（Martha Ford）、艾米·艾丁斯（Amy Eddings）、戴维·吉布斯（David Gibbs）、卡尔·菲利普斯（Carl Phillips）、芭芭拉·里格尼（Barbara Rigney）、汤姆·格林（Tom Green）、贝茜·劳埃德（Betsy Lloyd）、凯尔·史密斯（Kyle Smith）、帕姆·阿切尔（Pam Archer）、文斯·西蒙内蒂（Vince Simonetti）、汤姆·唐（Tom Ton）、约翰·科库梅利（John Cocumelli）、里克·西蒙顿（Rick Simonton）、布雷特·考夫曼（Brett Kauffman）、凯蒂·考夫曼（Katie Kauffman）、多德·莎朗·克莱恩（Doddand Sharon Clasen）、比利·麦卡锡（Billie McCarthy）、苏·麦卡锡（Sue McCarthy）和苏珊·布罗德韦尔（Susan Broadwell）。我的内心之所以如此充实，完全是因为你们（以及此时此刻未提及姓名的其他人）。你们让我的生活充满了爱与力量。

感谢所有的 EOS® 客户和演讲赞助方，谢谢你们给予我的信任和信心。我真的非常热爱我从事的这份事业，热爱和我共同服务于他人以及所有接受我们服务的人，热爱我当下所体验到的生活。没有这些，这一切都是不可能的。

感谢阿普里尔·桑克森（April Sonksen）、克里斯汀·麦克林登（Kristen McLinden）和克里斯汀·普里兹比拉（Kristen

Pryzbilla），你们都是非常优秀的人。正是与你们的并肩合作，我们才能成为一个伟大的团队。我很幸运，我的生活因为你们的存在而五彩缤纷。

丽莎致家人及朋友

首先，我要感谢家人的无私陪伴——从每周的家庭会议，到孩子们的游戏，因为你们，我的生活中永远不缺少爱与欢乐。帕迪，在个人生活和职业道路有你的陪伴，是我人生中最大的福分。感谢你让我加入你的生活和事业，并给予我成长的力量。看到 EOS® 让你可以自由追逐自己的梦想，帮助企业家创造快乐，我真得替你高兴。

唐尼，你似乎就是为卓越而生，你的所有行为都让我为之钦佩。在你即将上大学之际，你就尽情享受生活的快乐吧！谢谢你，你简直是个神奇的楷模和领导者。亚历克斯，谢谢你的诚恳、好奇心和幽默。我为你拥有值得追求的人生而感到骄傲。斯凯比尔，谢谢你为我们生活带来的色彩，感谢你给我们带来的快乐和激情。

感谢我的父母以及安妮、艾尔和马克三位兄妹，感谢你们让我看到坚韧和机会的力量。你们的陪伴赐予我追求的激情与专注，让我有无穷动力去帮助世界各地的企业家实现梦想。

感谢特蕾西·西夫（Tracy Sieve）和法里达·杰拉尼（Farida Djaelani），是你们让我的事业蒸蒸日上，感谢你们每天给予我和我们客户的鼓励和支持。

最后，感谢我的客户，你们每天的勤奋努力与忘我投入都在激励着我。你们给员工带来的影响已经远远超越企业的范畴。很荣幸与你们相识，和你们携手共创未来。你们的快乐就是我选择这份事业的原因。

PROCESS ▶▶▶

作者简介！
○----------- PROCESS ●

　　迈克·帕顿：在过去的 15 年里，迈克·帕顿始终致力于帮助全球各地数以千计的组织领导者打造更强大的企业，体验更美好的生活。帕顿既是一名 EOS® 专家，还曾在 EOS® Worldwide 公司担任愿景总监一职达 5 年。此外，帕顿还是播客《EOS® 领导者》的主播，这也是全球收听率最高的播客之一。

　　如今，他的全部事业就是以潜心打造的流程体系回馈社会，普及这些永恒的管理原则和实用工具。本书是他的研究成果的集中体现。

　　丽莎·冈萨雷斯：丽莎的目标就是帮助企业实现目标。在对大量创业企业的商业原则开展研究之后，丽莎的一项重要使命就是把这些工具运用到实践中。而 EOS® 对企业方方面面产生的深远影响，也促使丽莎开始探索向其他追求成长的企业推广这项成果。

如今，作为一名"EOS® 专家"，丽莎全身心致力于帮助其他创业家在企业和生活中体会梦想成真的感受。丽莎毕业于加州大学洛杉矶分校及得克萨斯大学法学院。她曾是私人董事会组织伟事达（Vistage）及企业家组织（EO）的前成员，也是青年总裁组织（YPO）的前董事会成员。

《时间管理的奇迹》

[美] 罗里·瓦登 著

易 伊 译

定价：49.80 元

扫码购书

彻底改变人生的全新思维攻略
迅速提高工作效能的行动手册

我们总是陷入繁忙的状态，给自己营造一种"我是个重要人物"的假象，而真正的成功人士不会提起自己有多忙，他们不仅肩负更重的责任，还拥有常人所不具备的高效能和自律力。

在《时间管理的奇迹》中，自律策略导师罗里·瓦登总结了全球 500 强和独角兽企业优秀的领导者、创业者和管理者运用多年的实用方法，分享了他独创性的三维时间管理优先矩阵与聚焦漏斗模型，这些理论和技巧都通过了残酷现实千万次的试炼与检验。

本书不仅将颠覆你长久以来对时间管理的认知，更能提升你对自己情感的管理能力，助你在快速变化、竞争激烈的时代摆脱迷茫与焦虑，向意义重大的目标主动迈进，真正提高工作效能，创造理想人生的奇迹！

海派阅读
GRAND CHINA

READING
YOUR LIFE

人与知识的美好链接

20 年来，中资海派陪伴数百万读者在阅读中收获更好的事业、更多的财富、更美满的生活和更和谐的人际关系，拓展读者的视界，见证读者的成长和进步。

现在，我们可以通过电子书（微信读书、掌阅、今日头条、得到、当当云阅读、Kindle 等平台），有声书（喜马拉雅等平台），视频解读和线上线下读书会等更多方式，满足不同场景的读者体验。

关注微信公众号"**海派阅读**"，随时了解更多更全的图书及活动资讯，获取更多优惠惊喜。你还可以将阅读需求和建议告诉我们，认识更多志同道合的书友。让派酱陪伴读者们一起成长。

✿ 微信搜一搜　　🔍 海派阅读

了解更多图书资讯，请扫描封底下方二维码，加入"中资书院"。

也可以通过以下方式与我们取得联系：

📱 采购热线：18926056206 / 18926056062　　📞 服务热线：0755-25970306

✉ 投稿请至：szmiss@126.com　　🌐 新浪微博：中资海派图书

更 多 精 彩 请 访 问 中 资 海 派 官 网　　(www.hpbook.com.cn　>)